Cuaderno desiño de moda

Mi creaciones

Creación - Themas	Hoja nº

Mi creaciones

Creación - *Themas*	Hoja nº

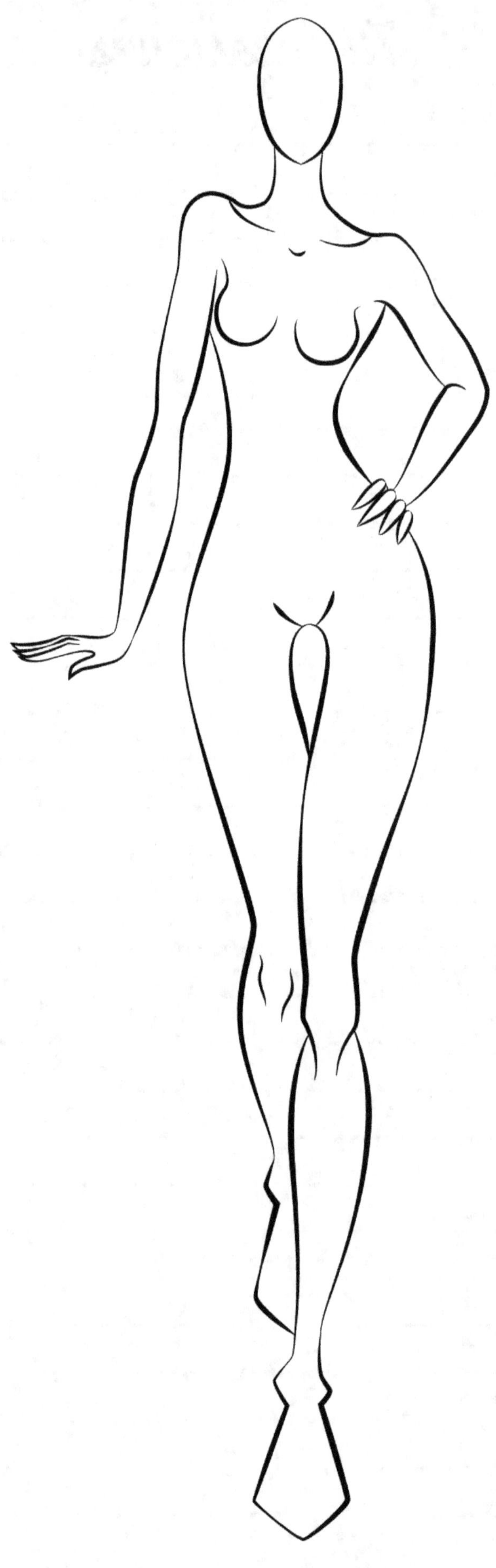

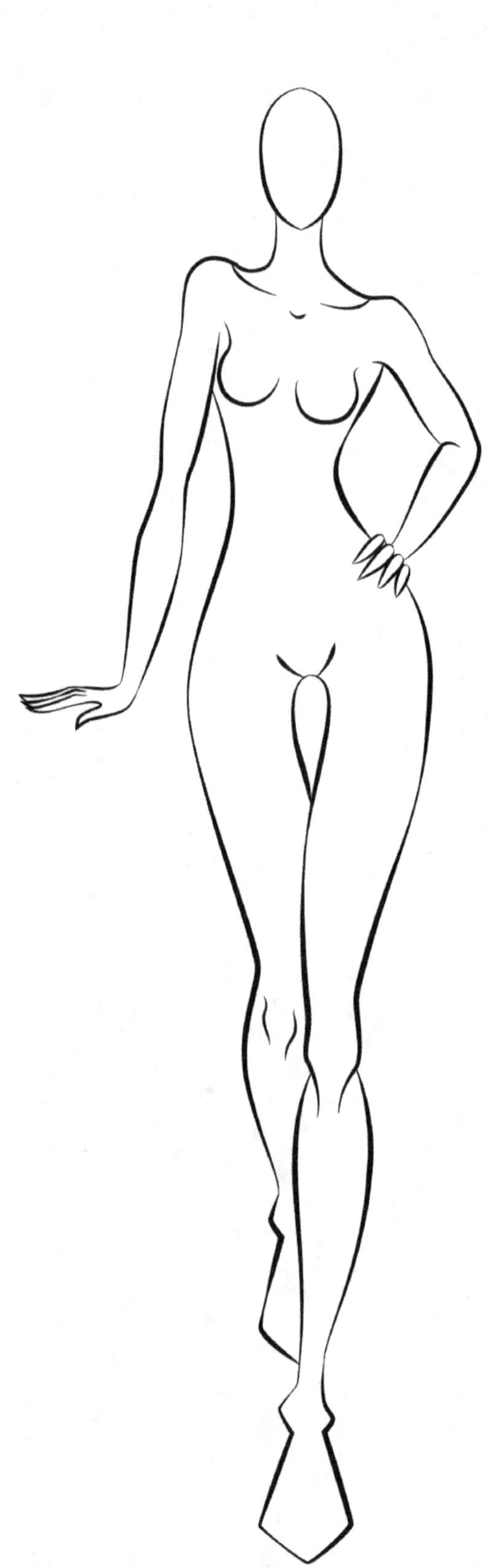

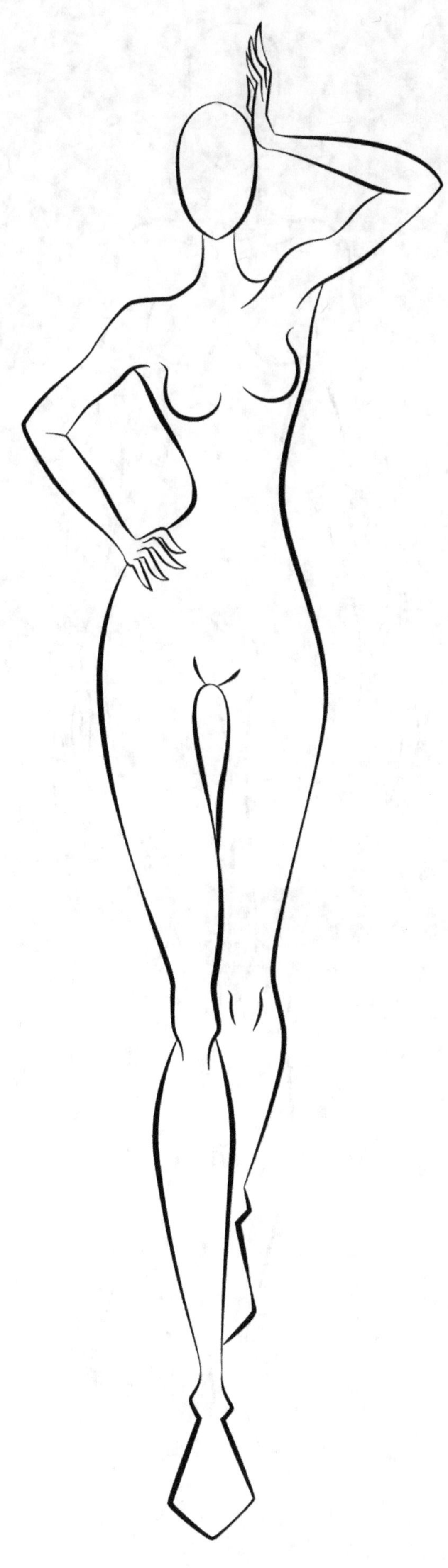

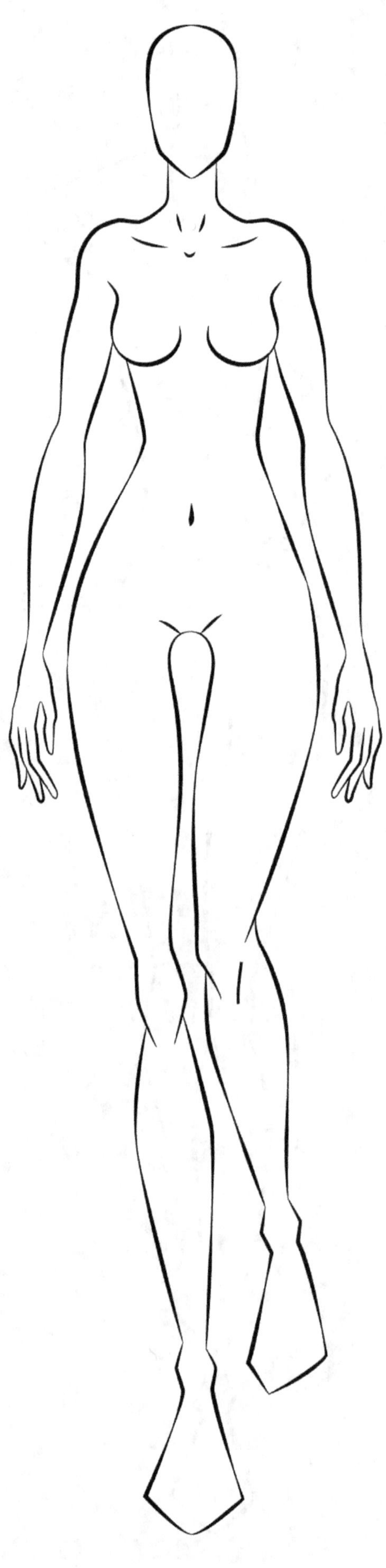

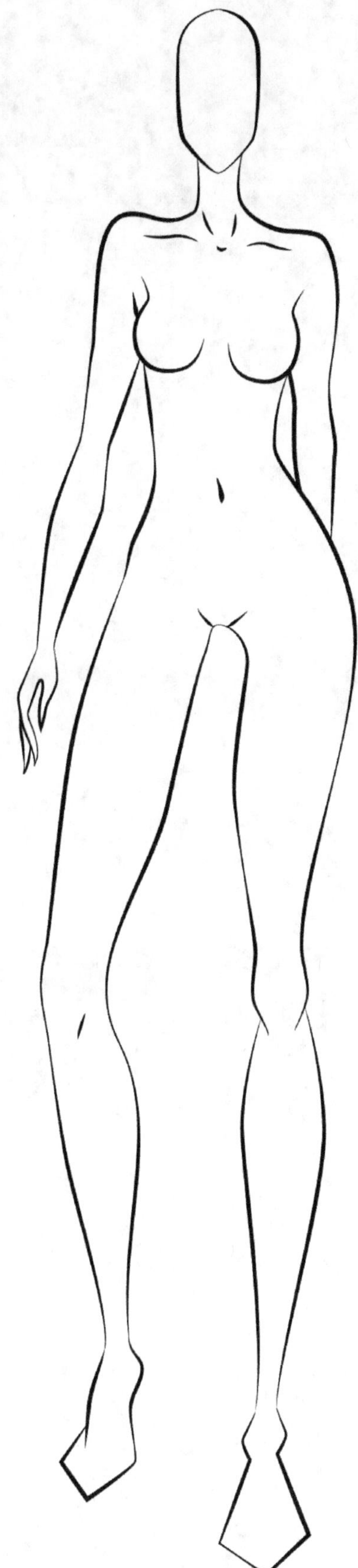

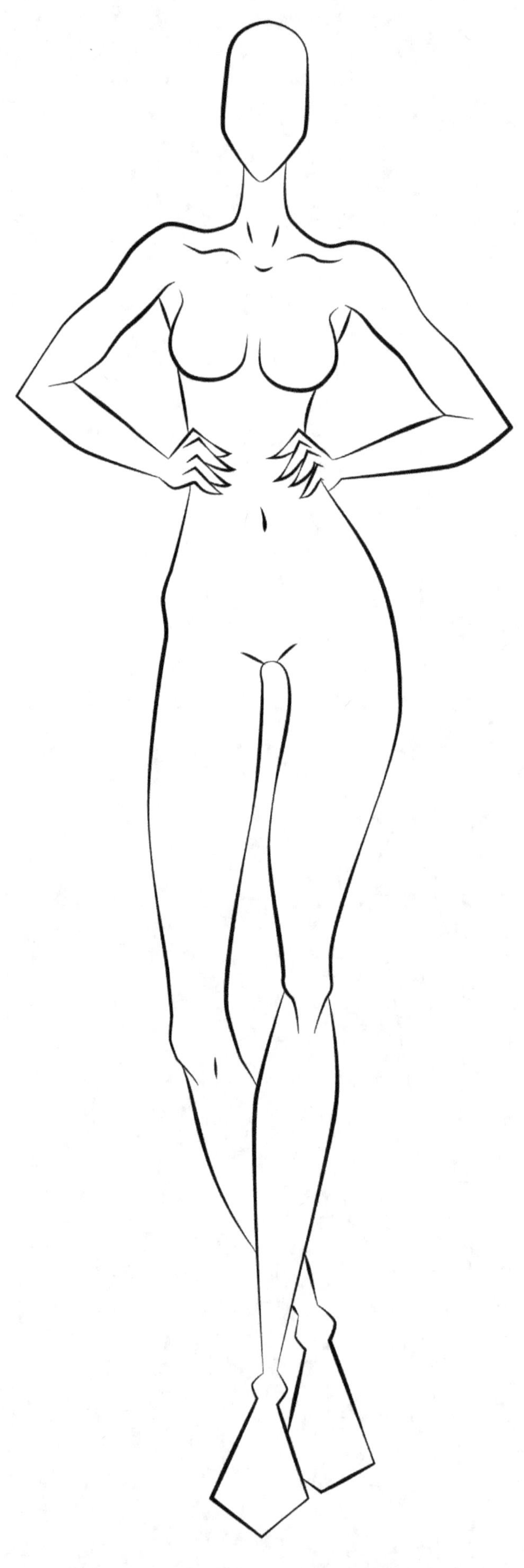

10

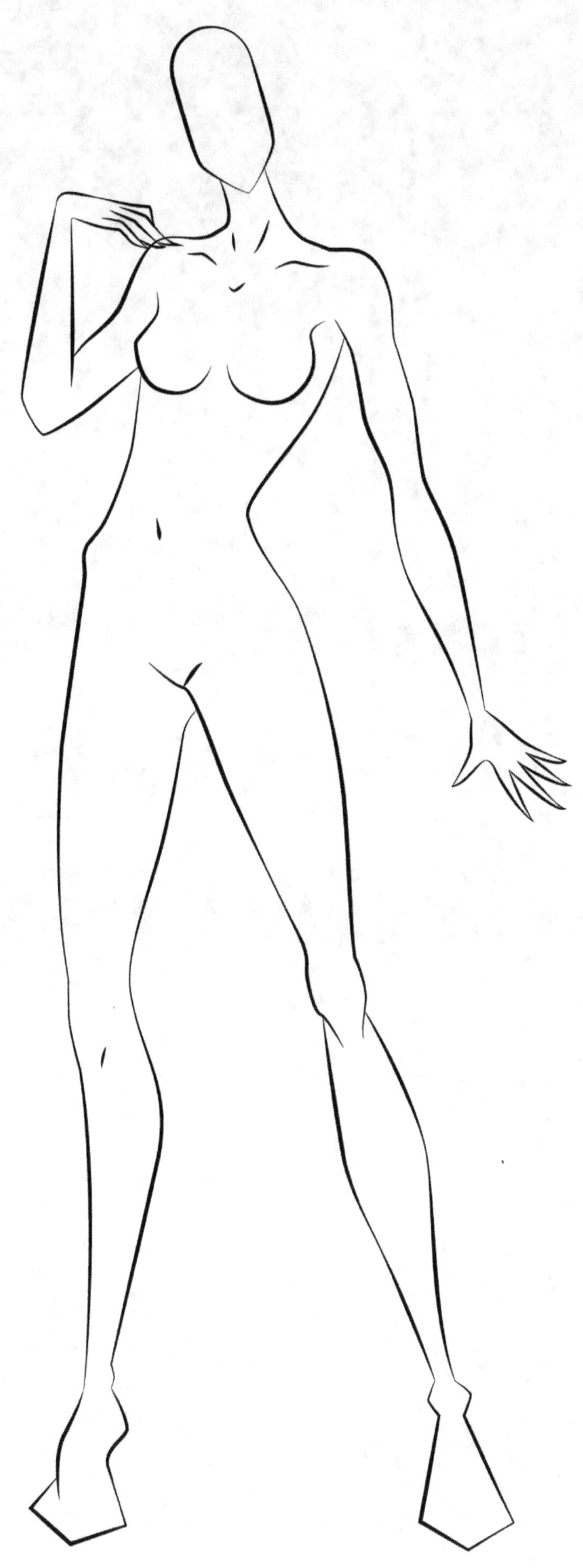

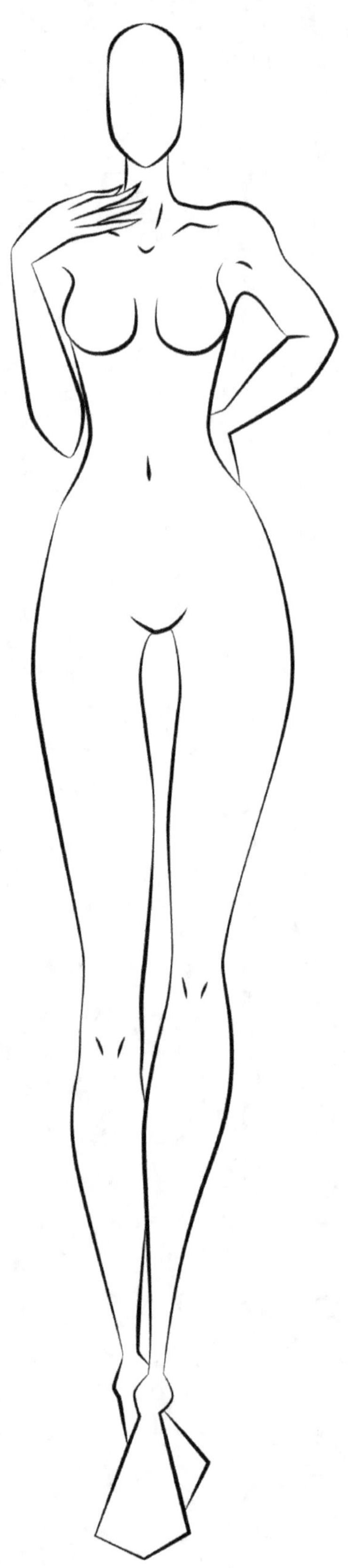

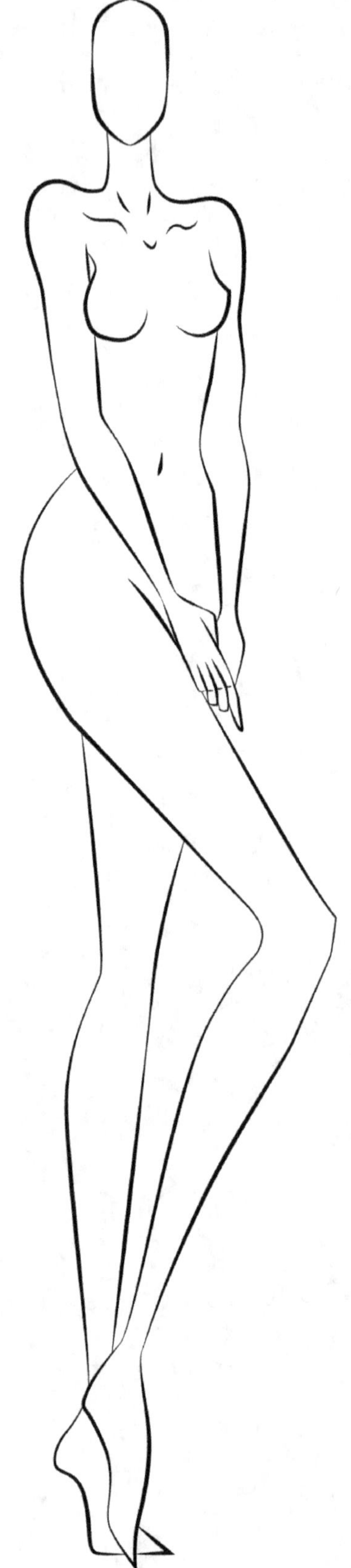

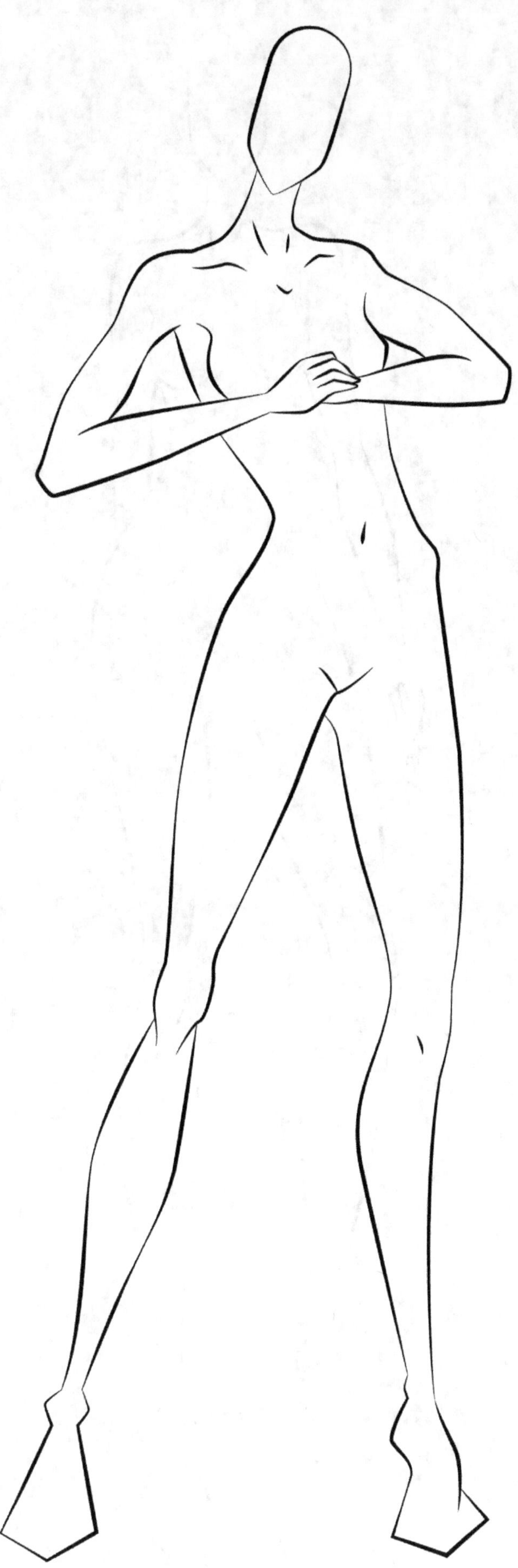

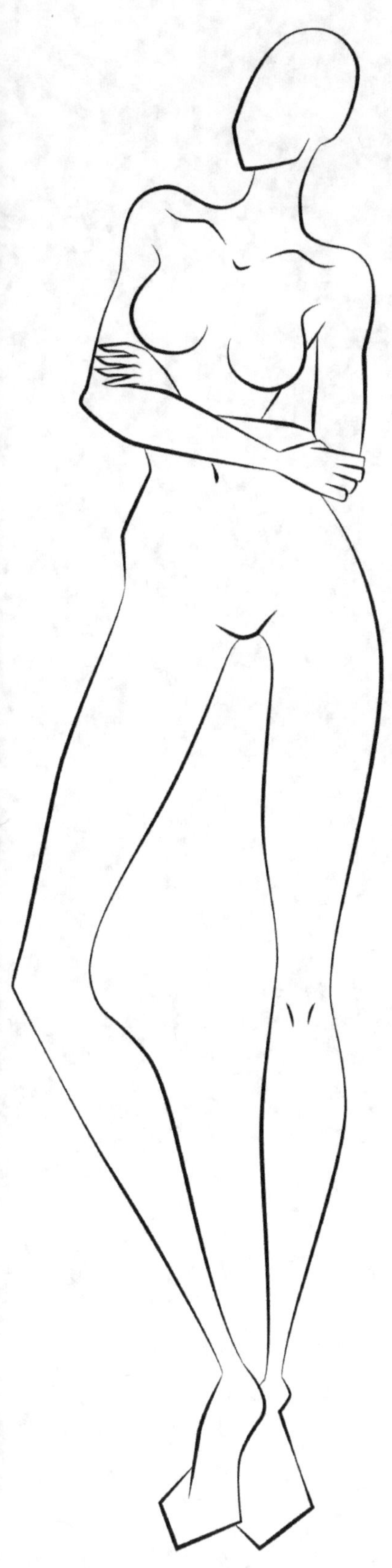
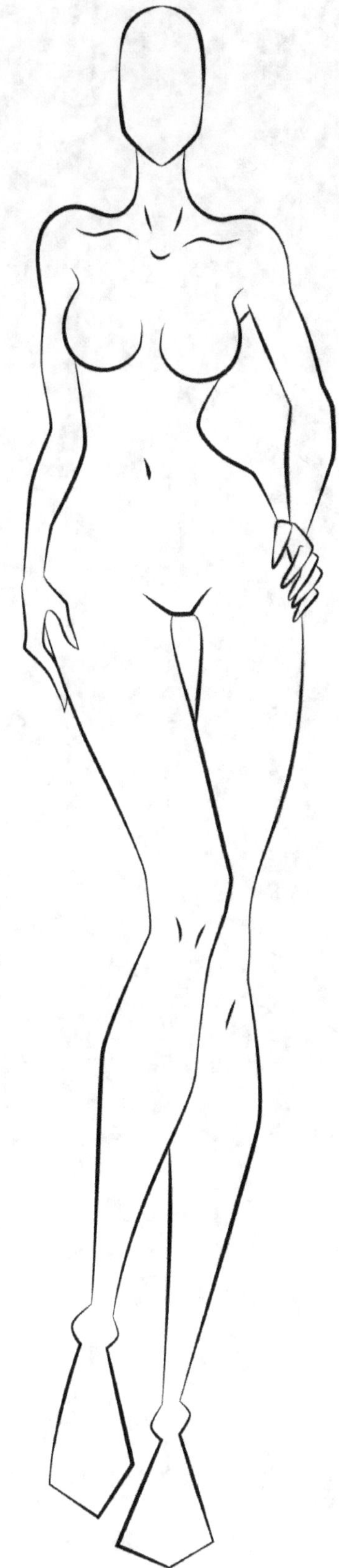

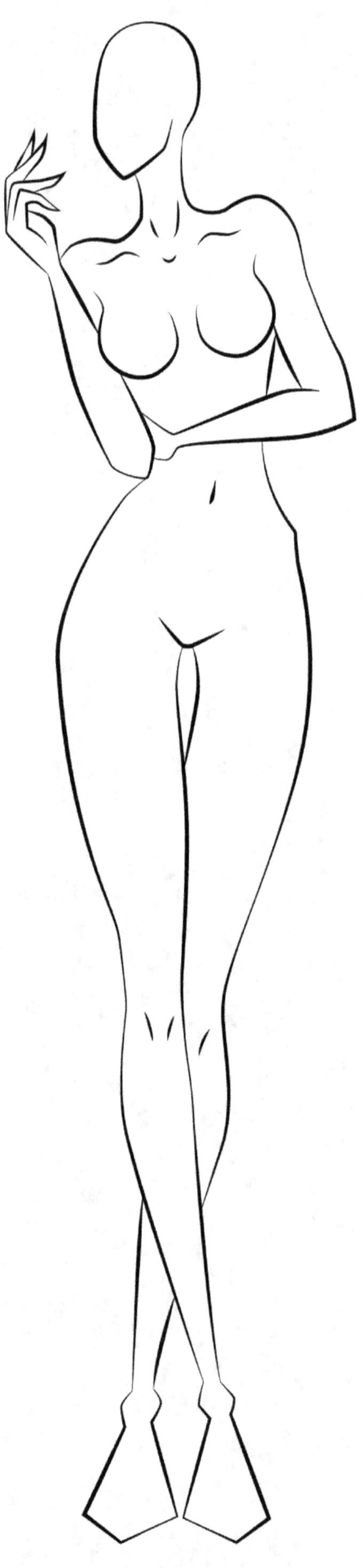

16

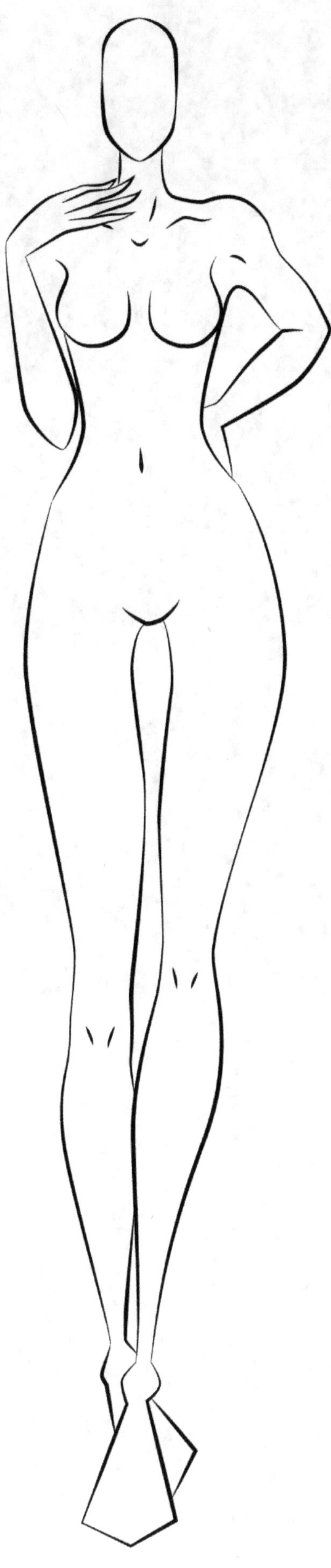

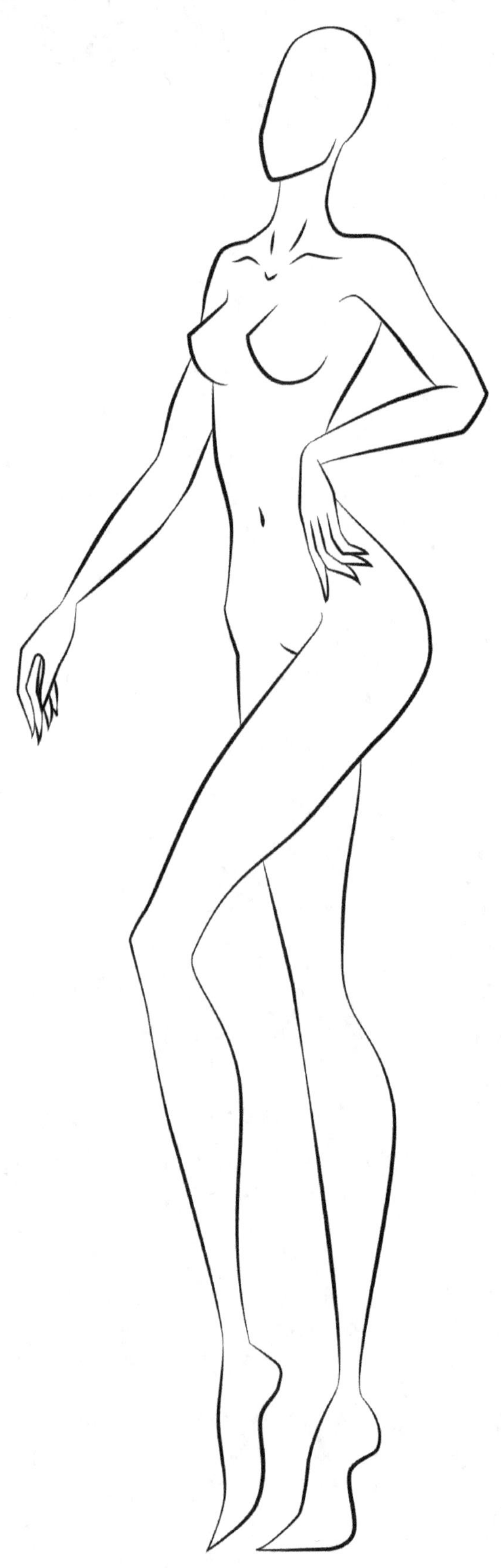

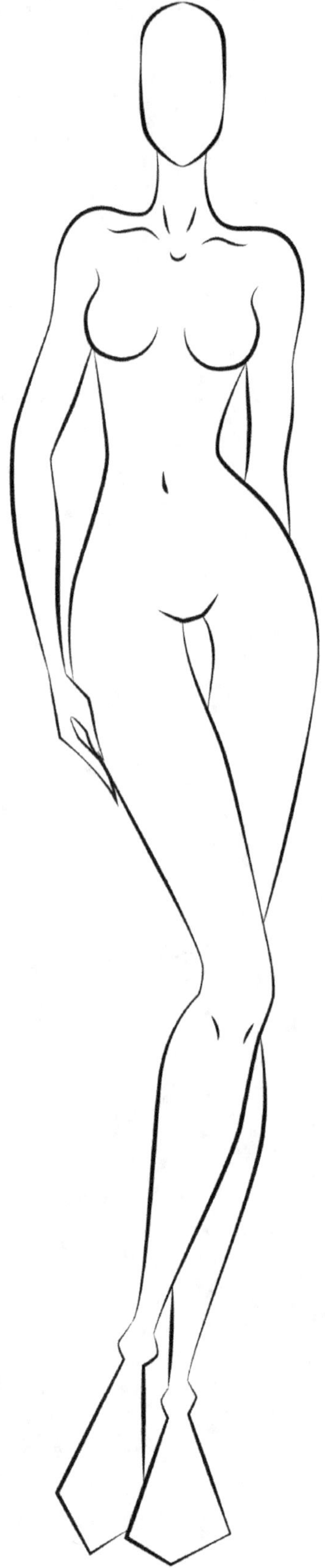

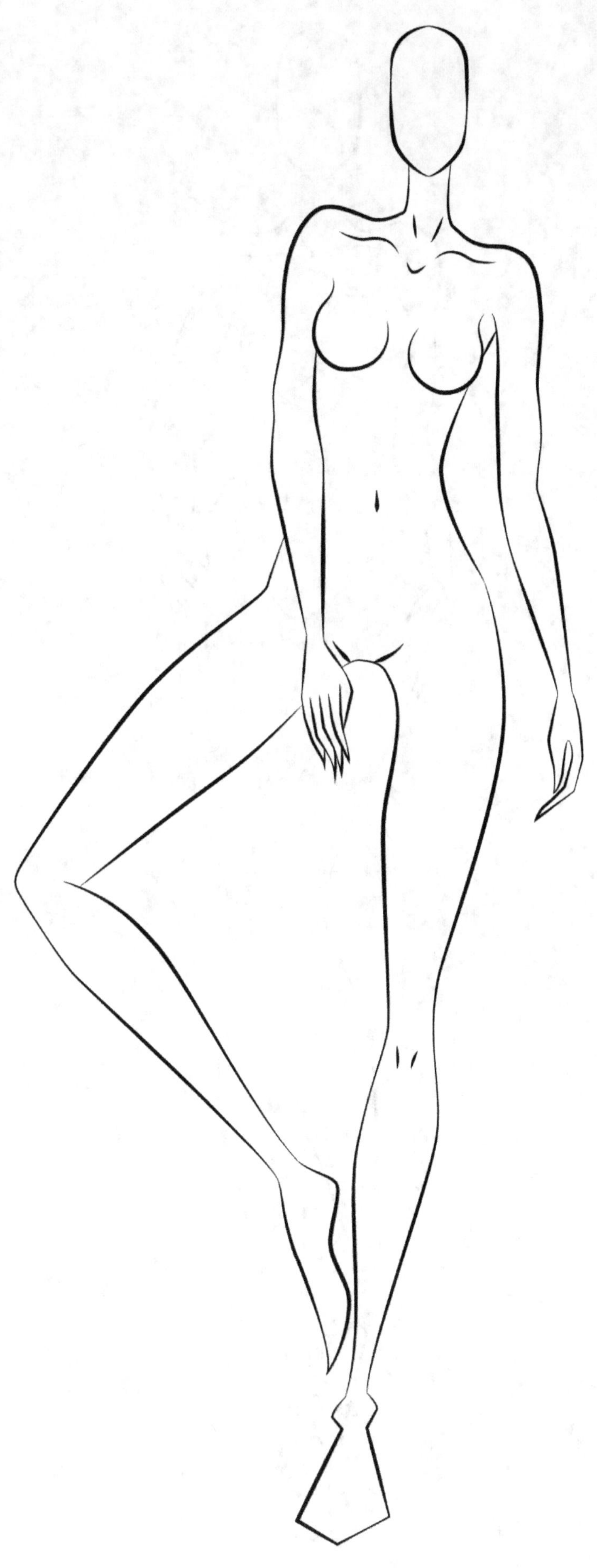

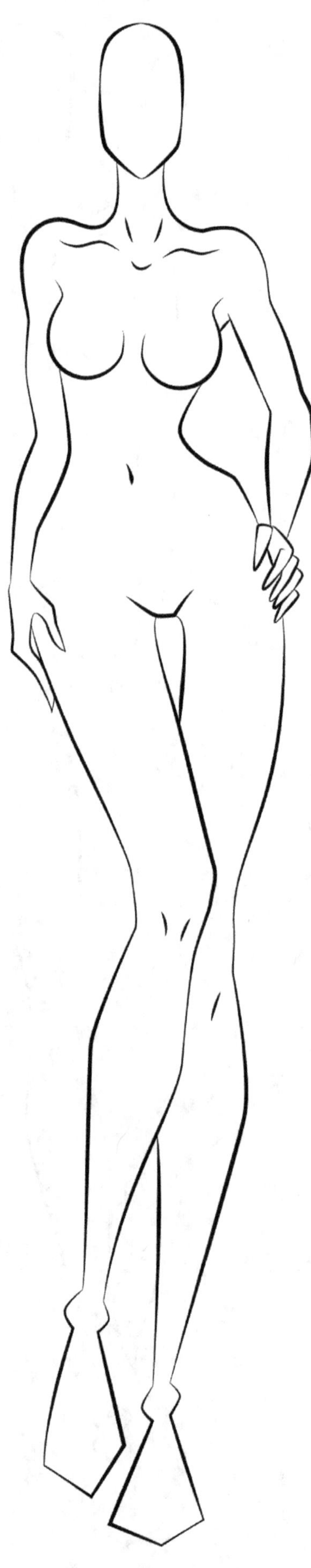

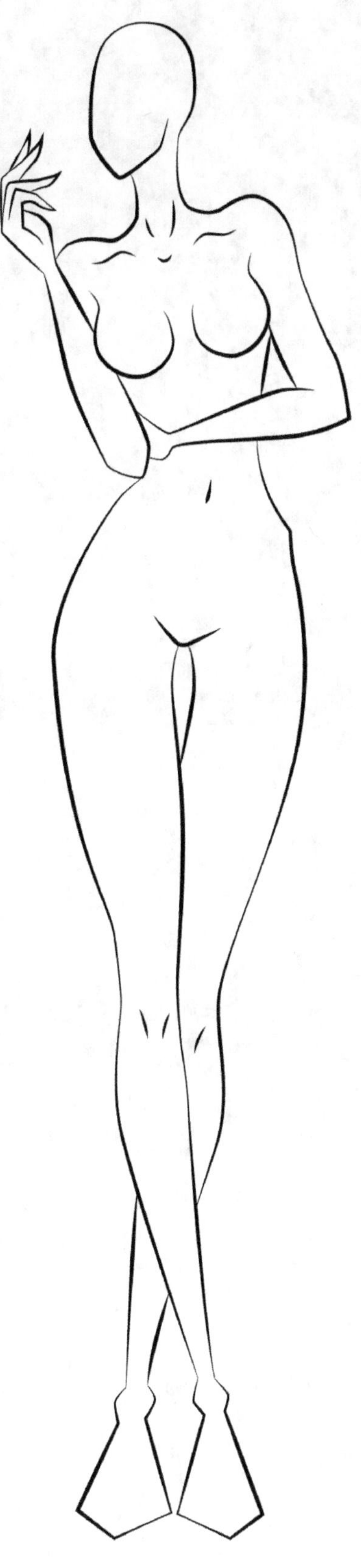
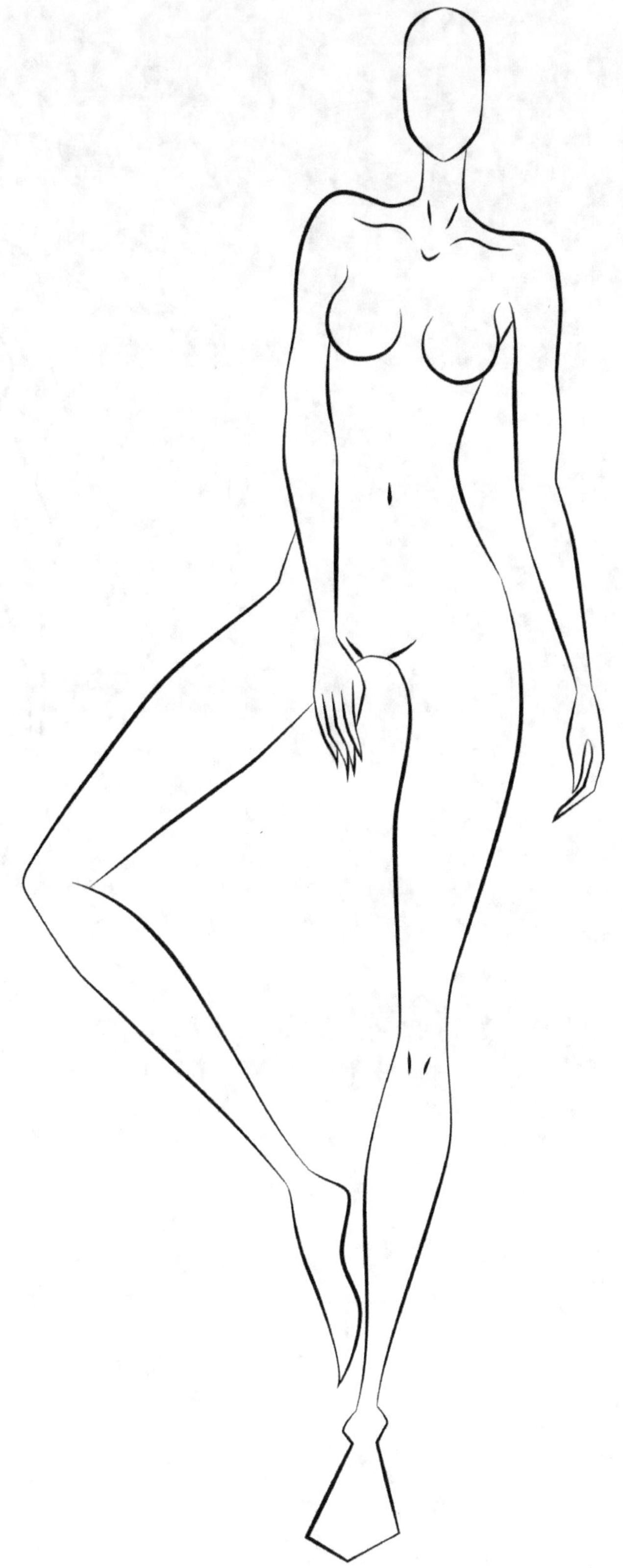

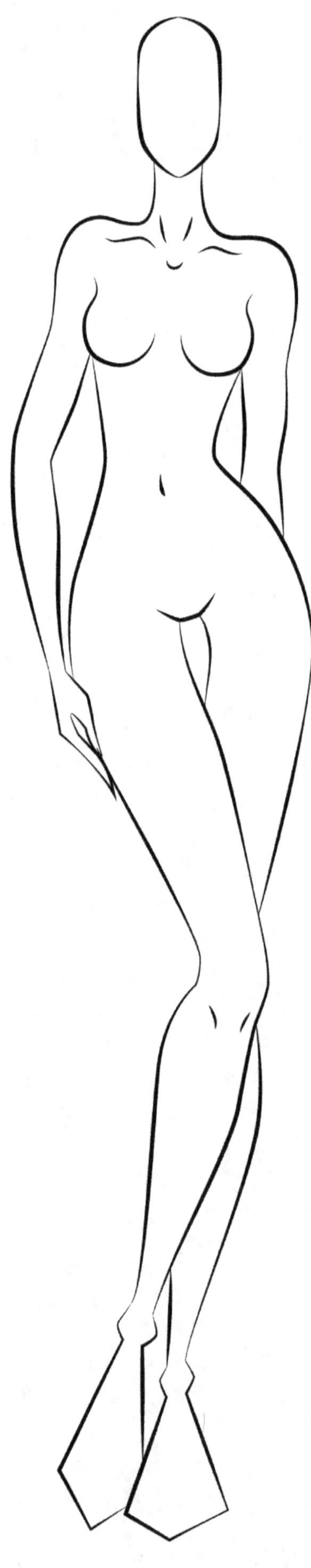

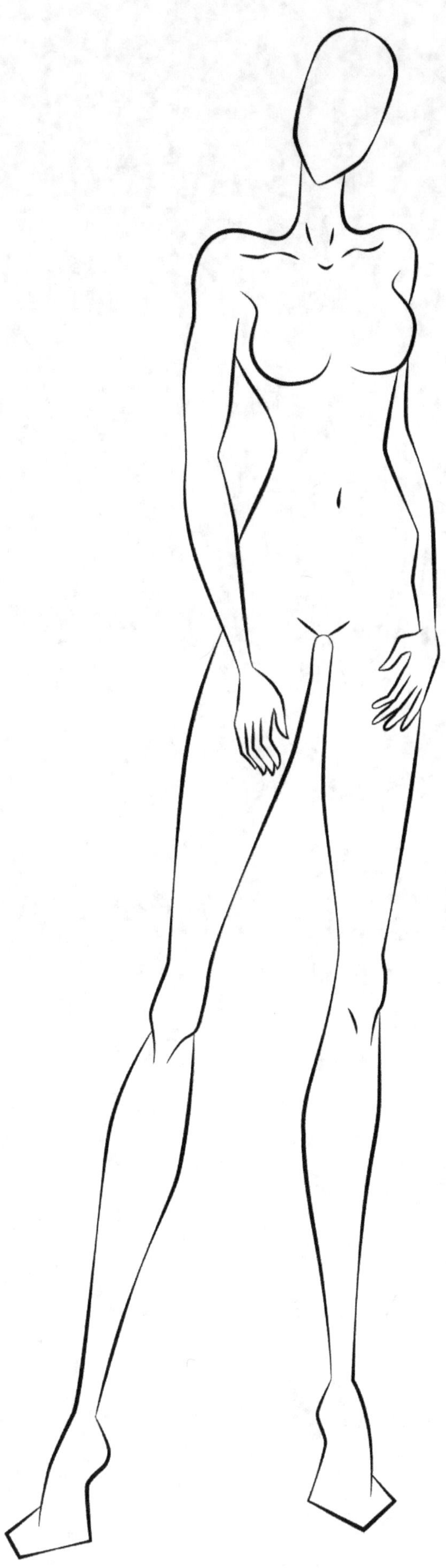

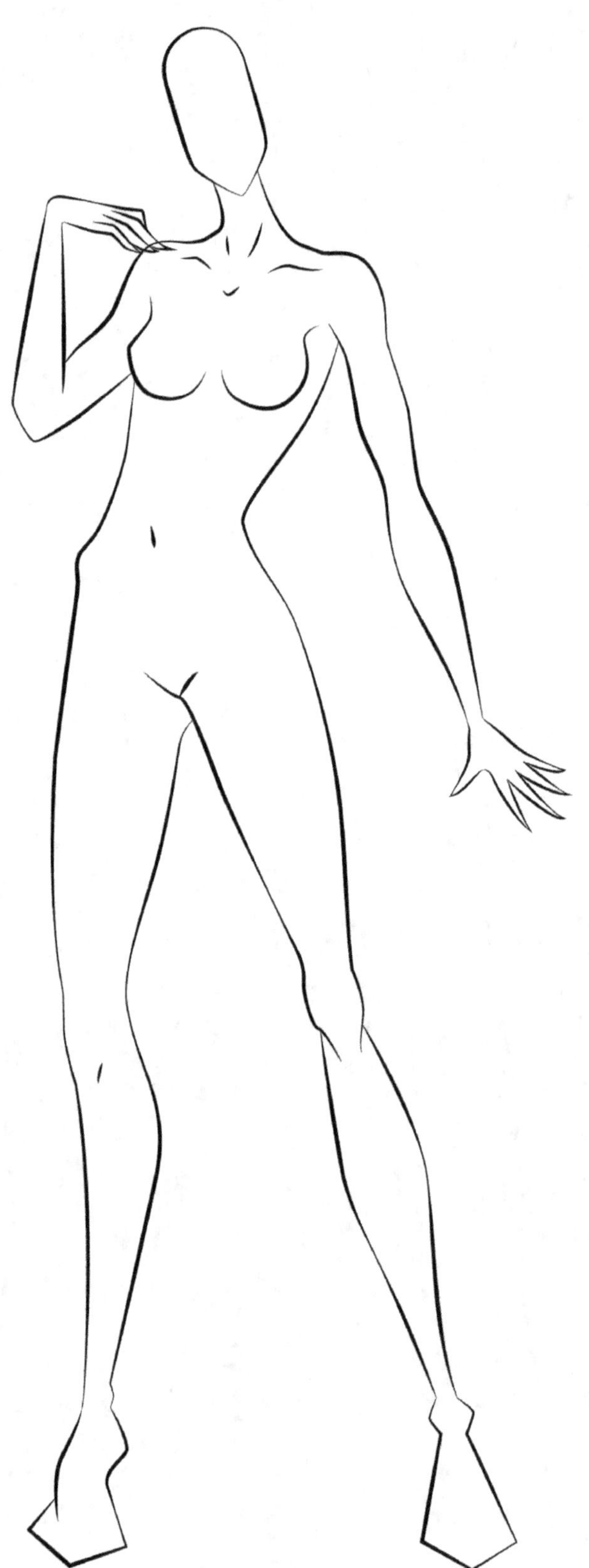
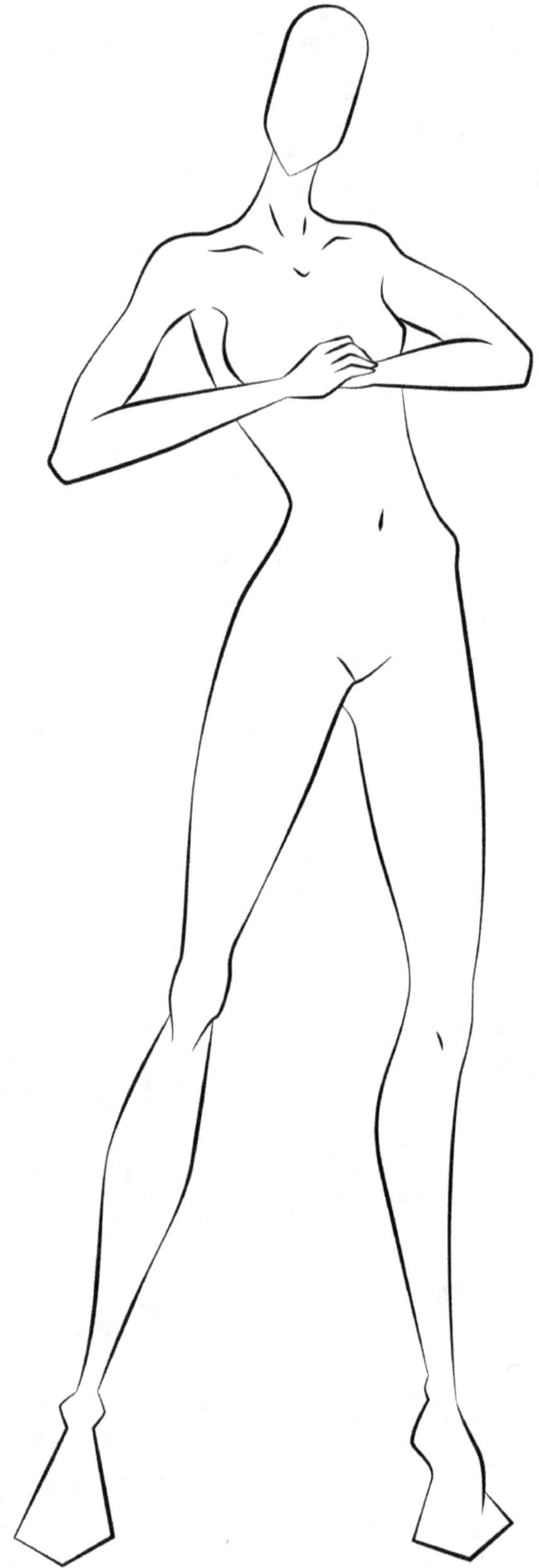

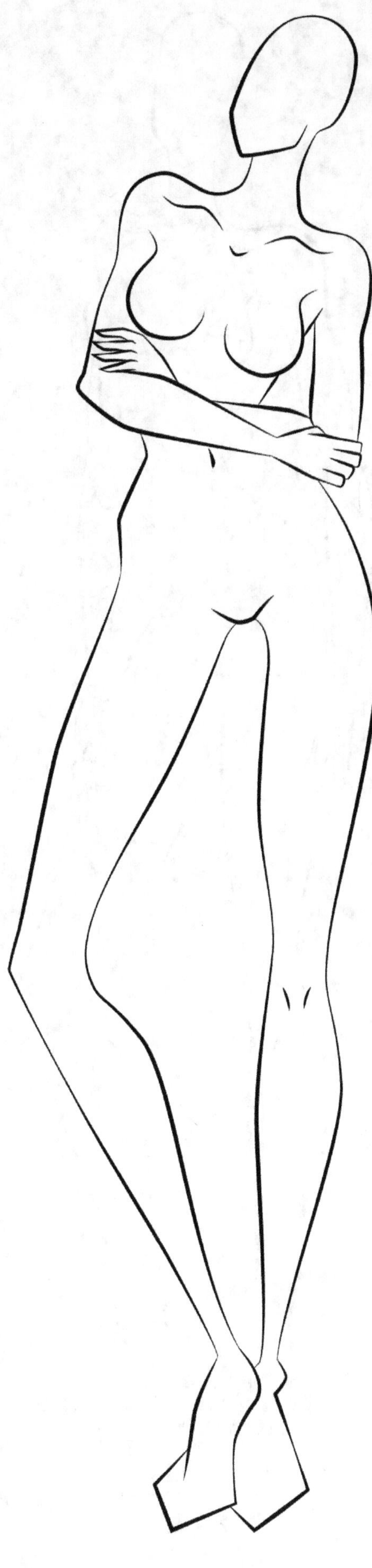

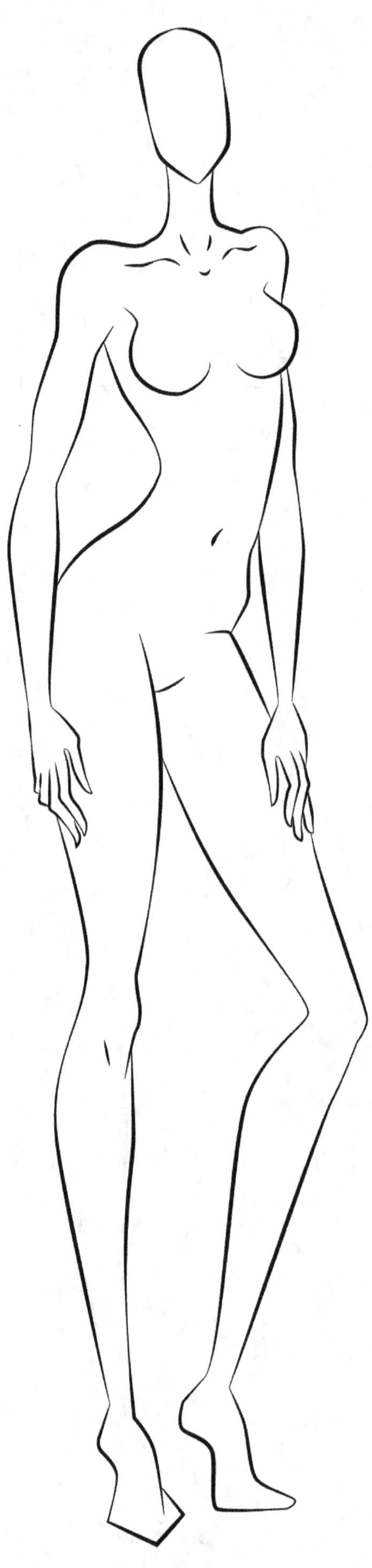

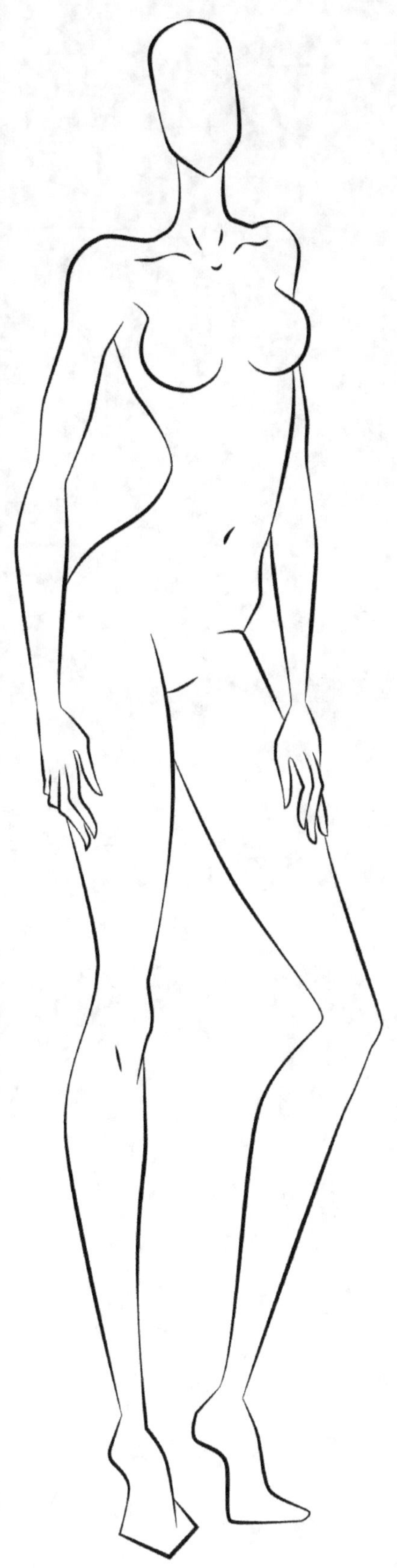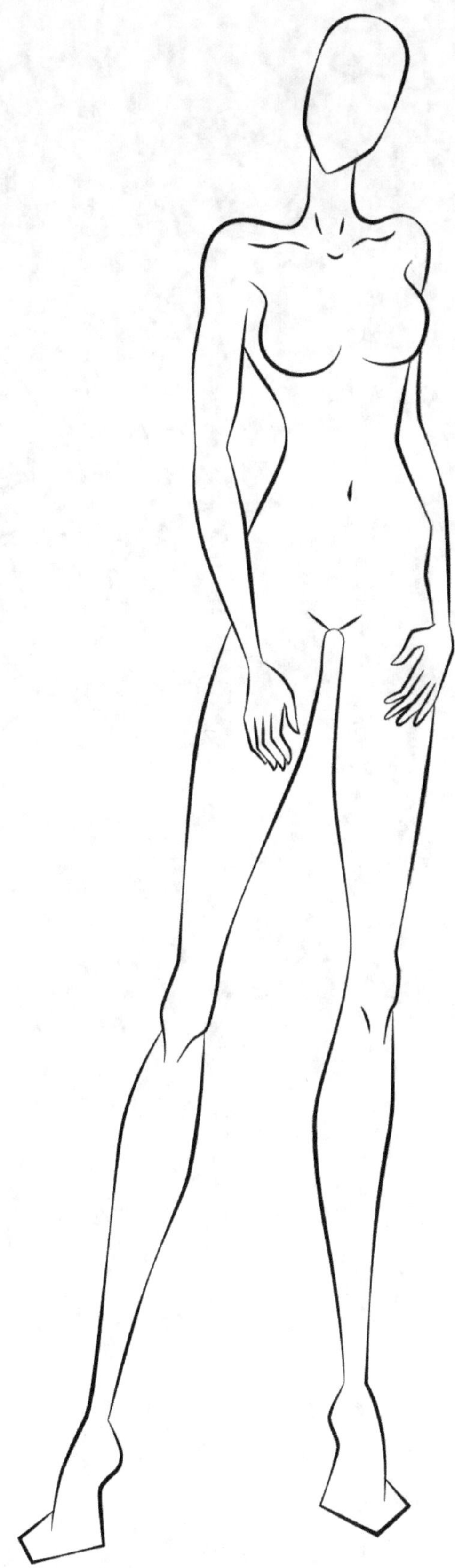

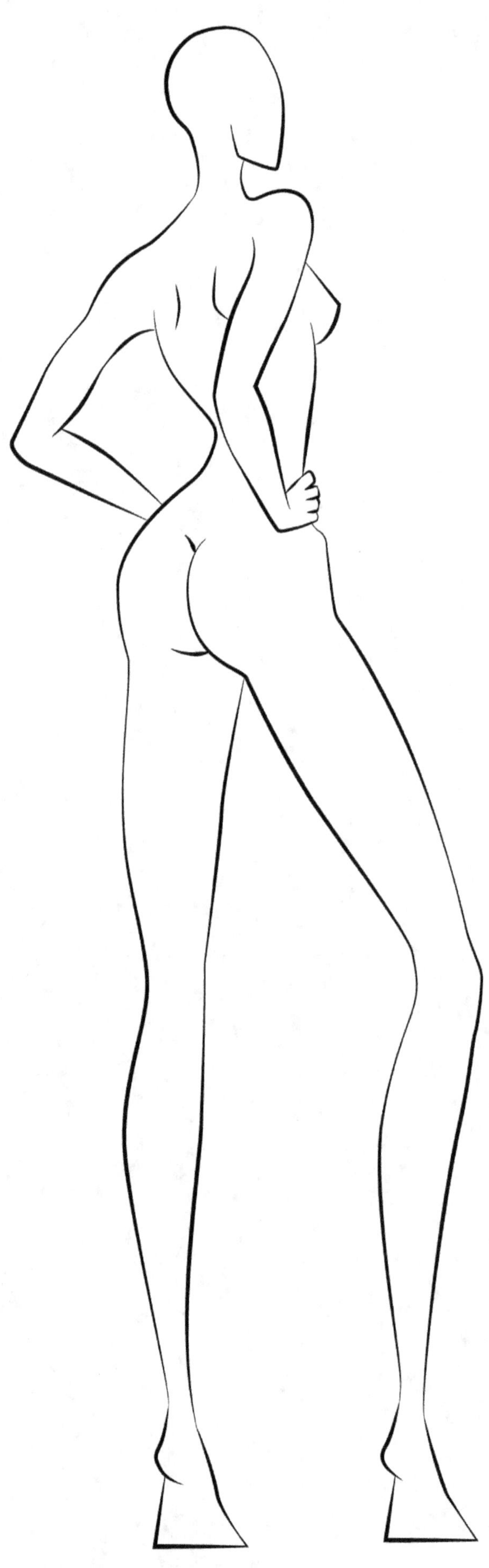

28

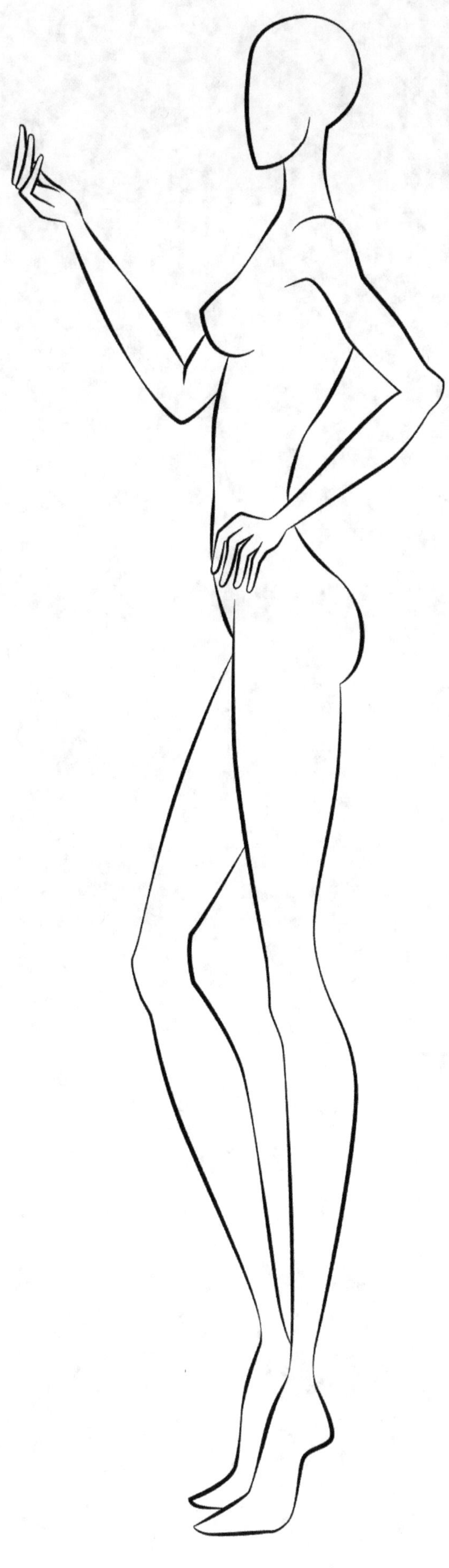

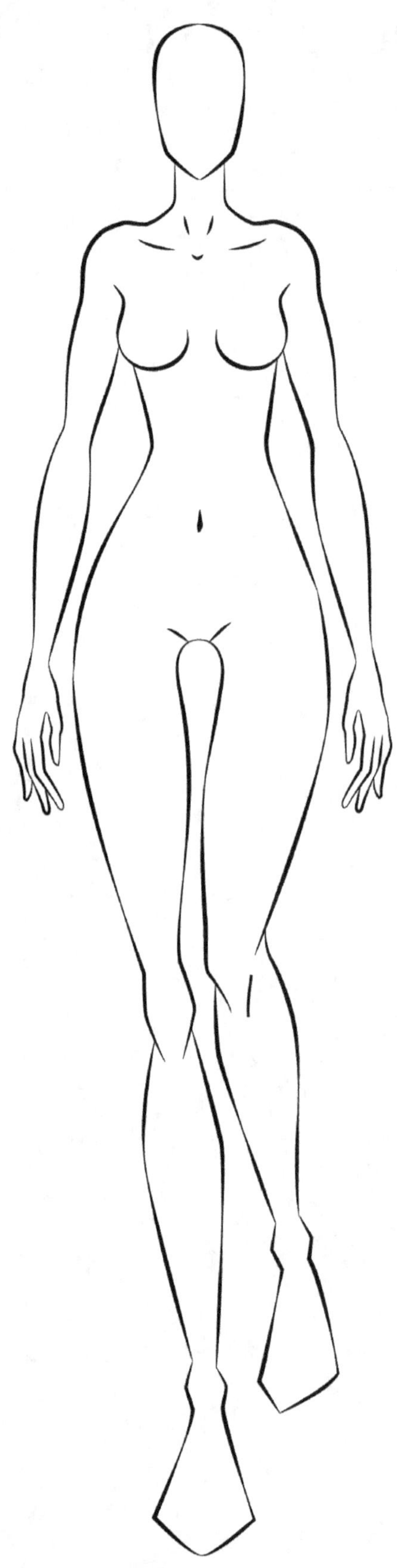

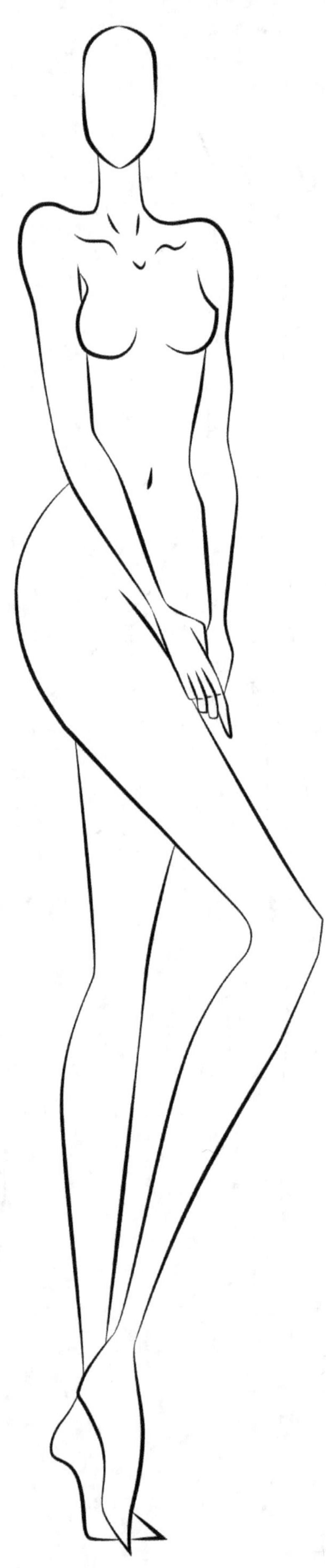

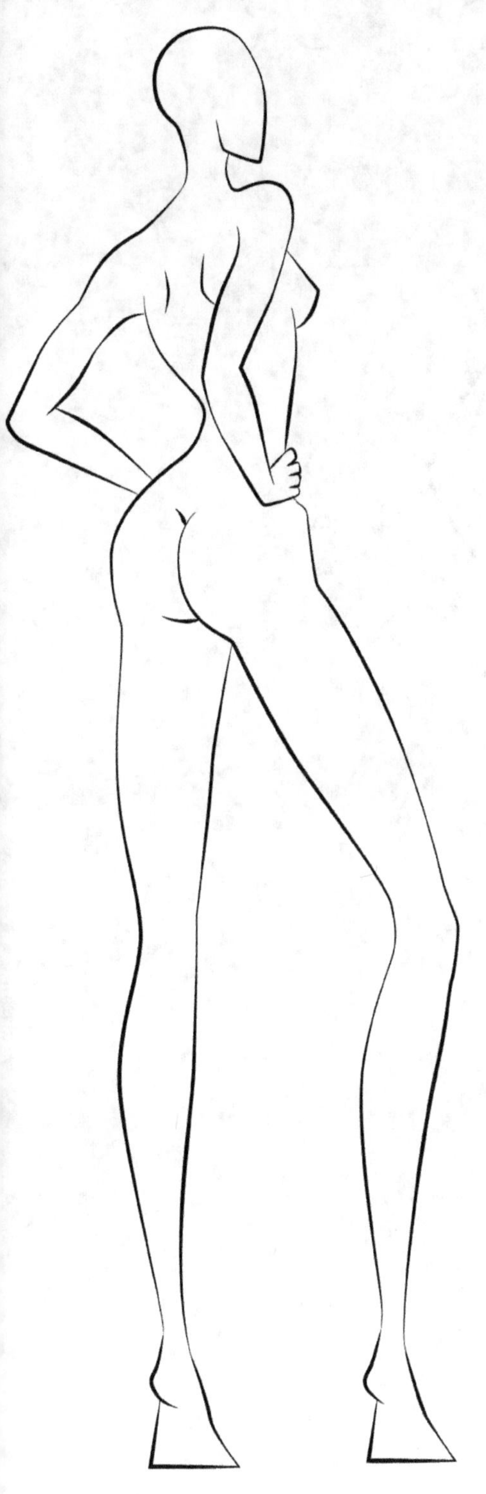
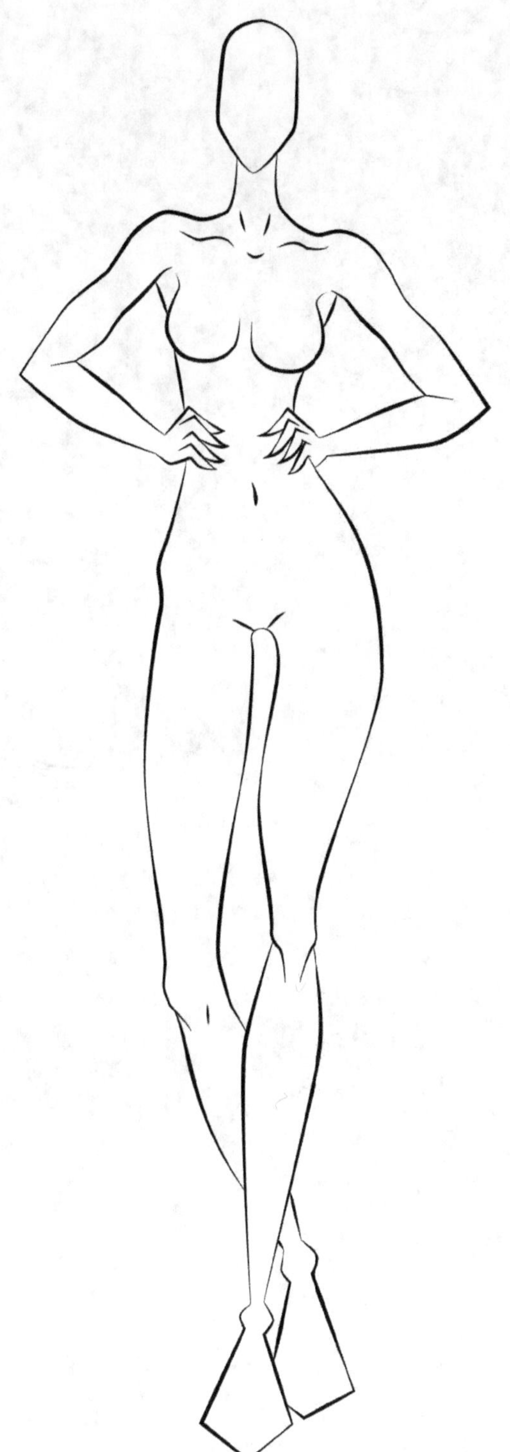

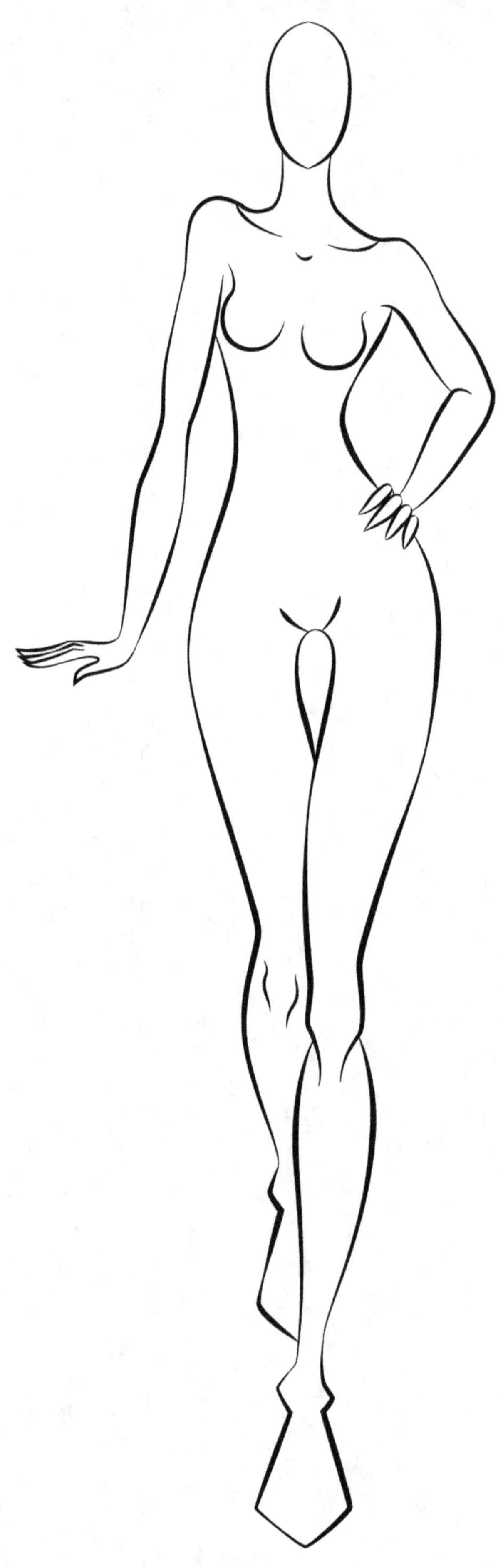

34

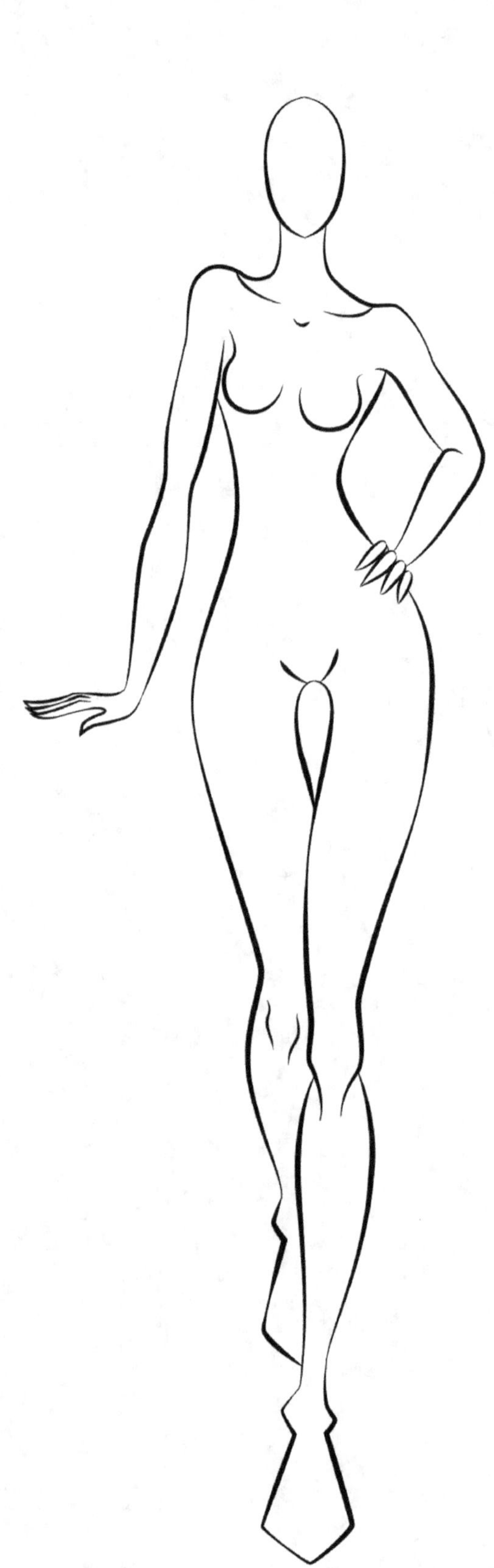
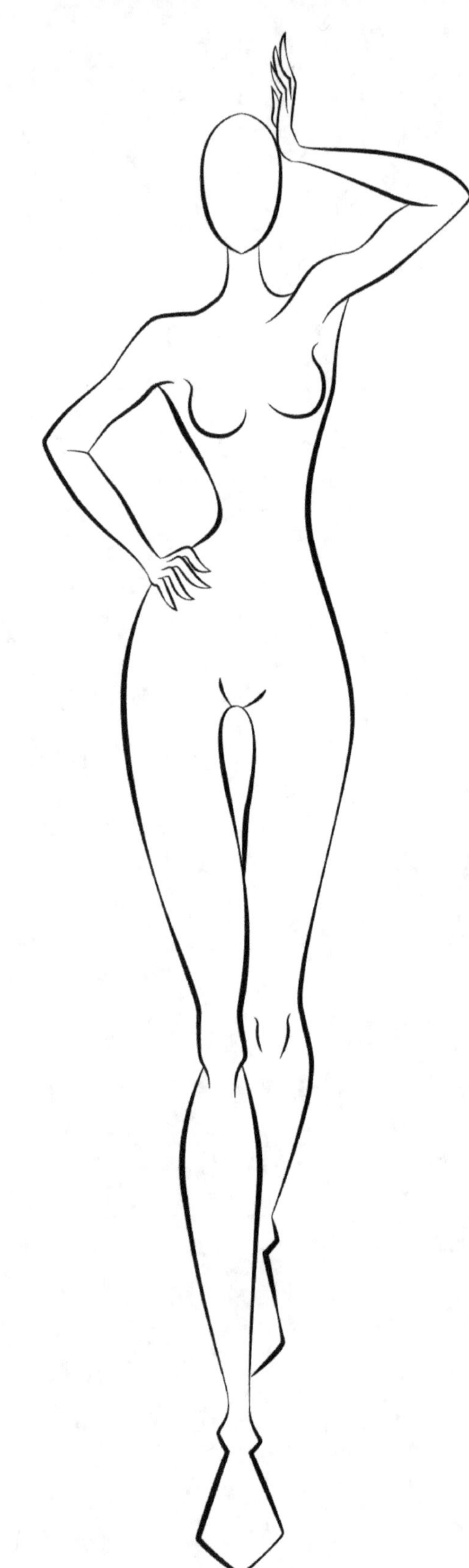

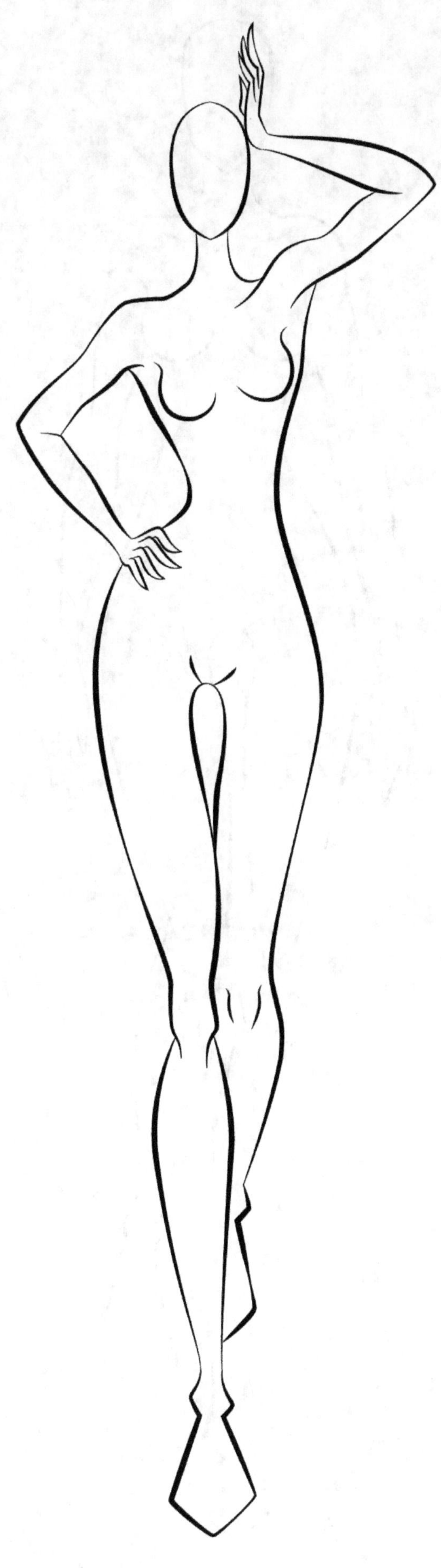

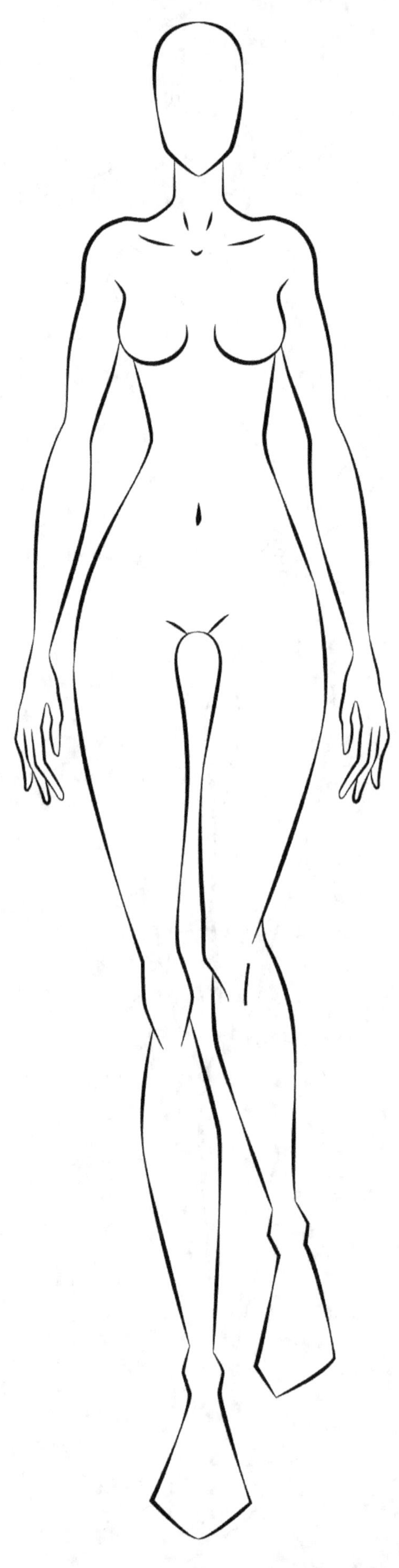

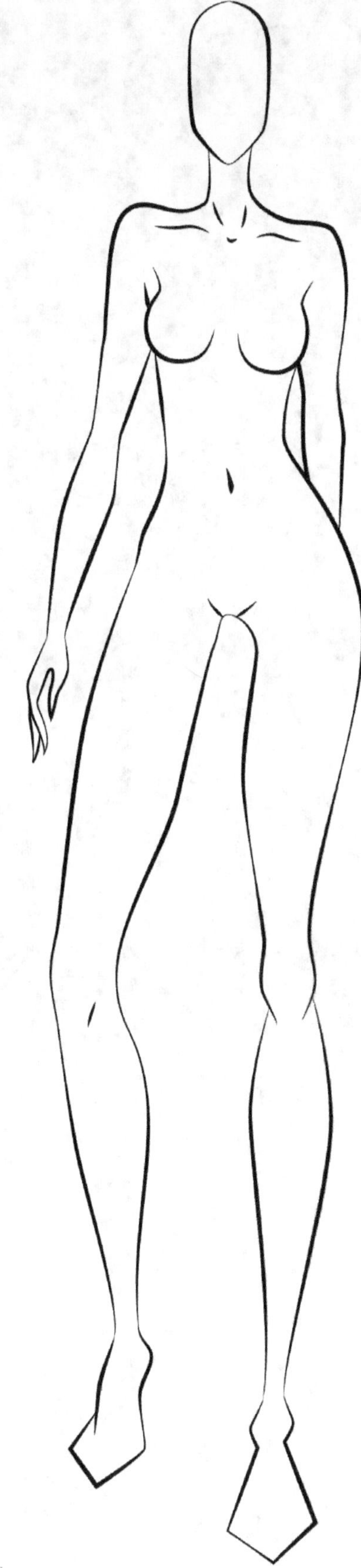

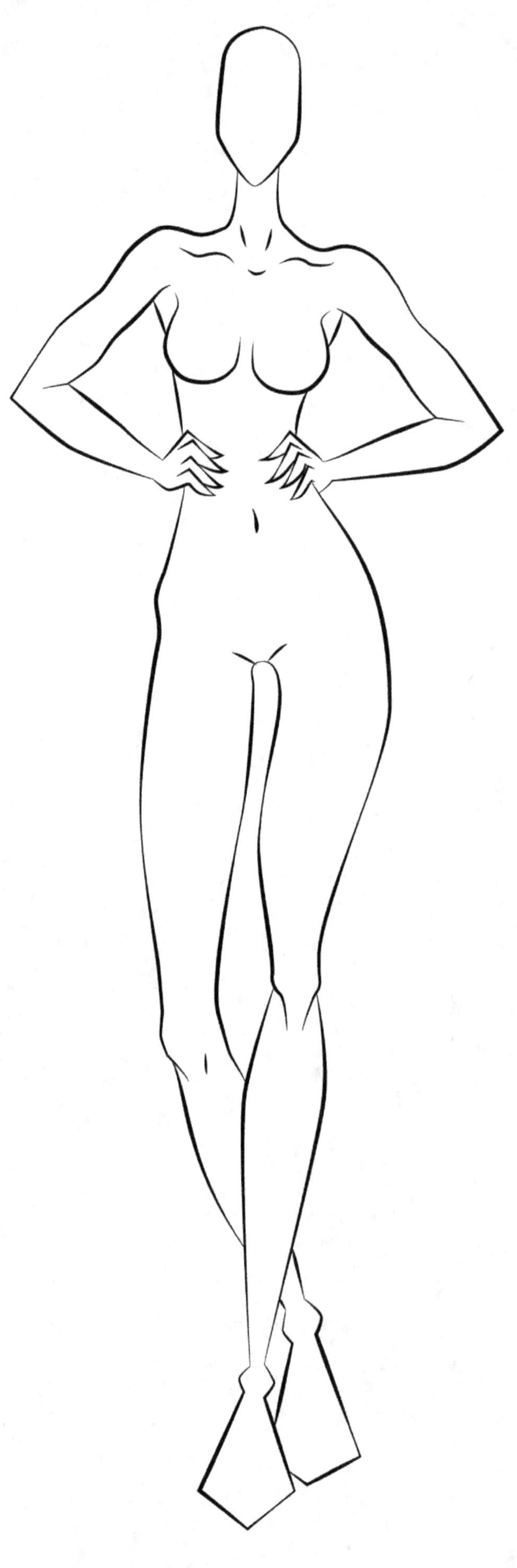

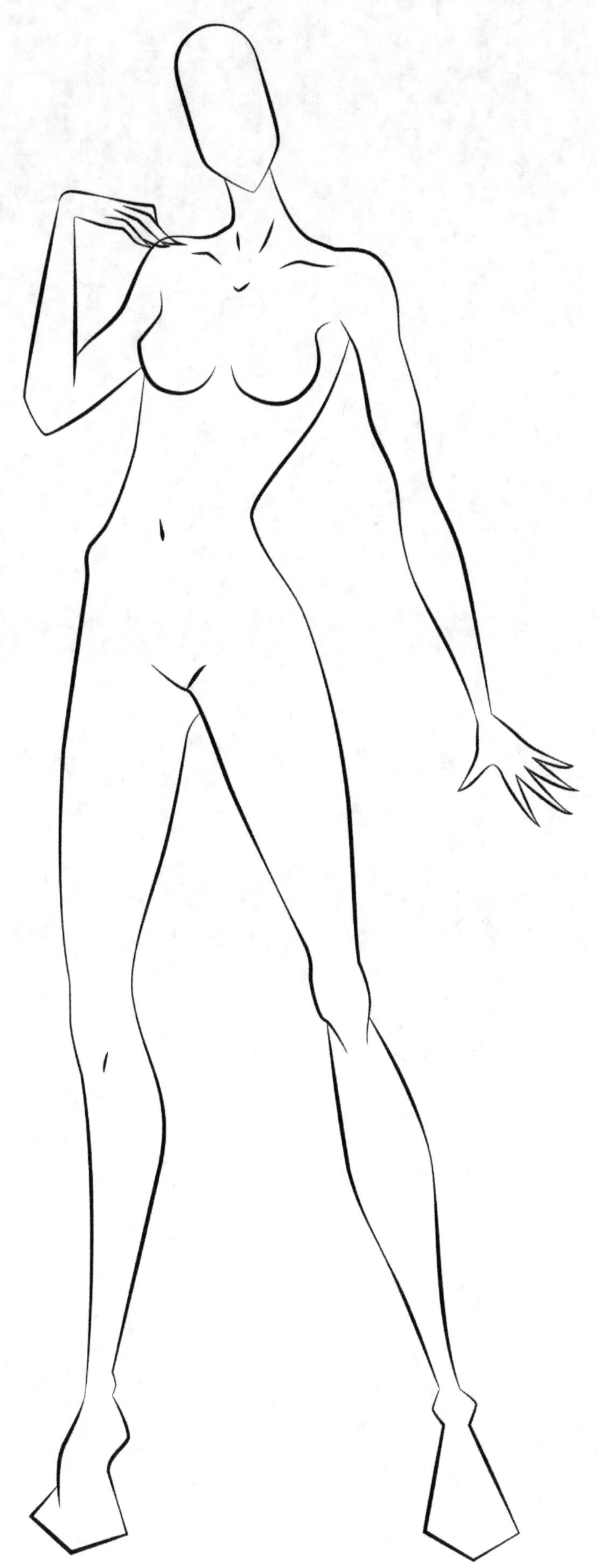

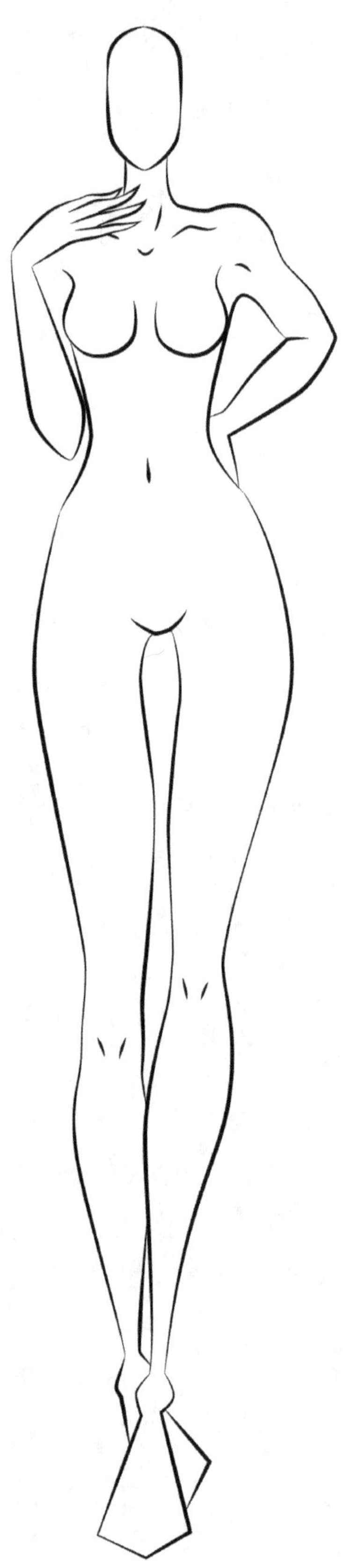

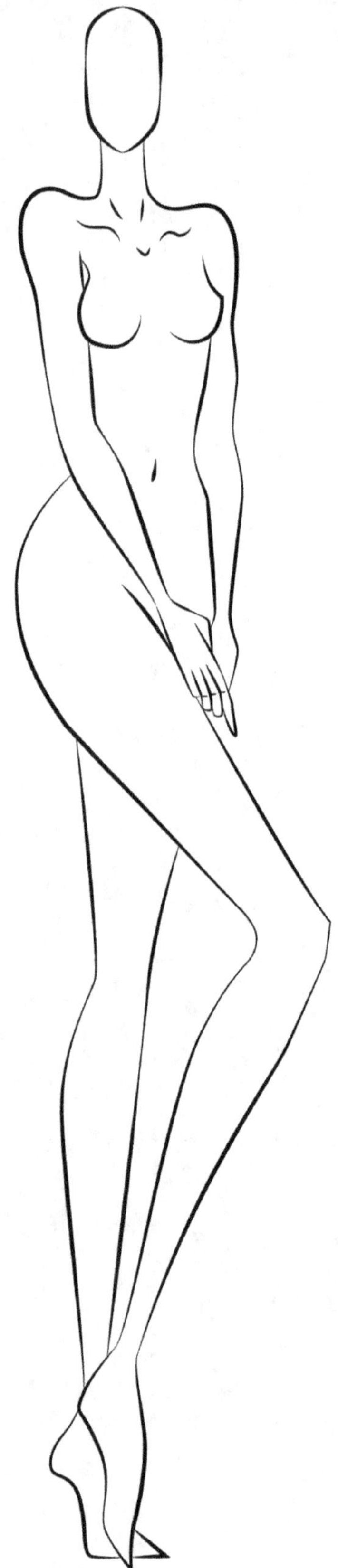

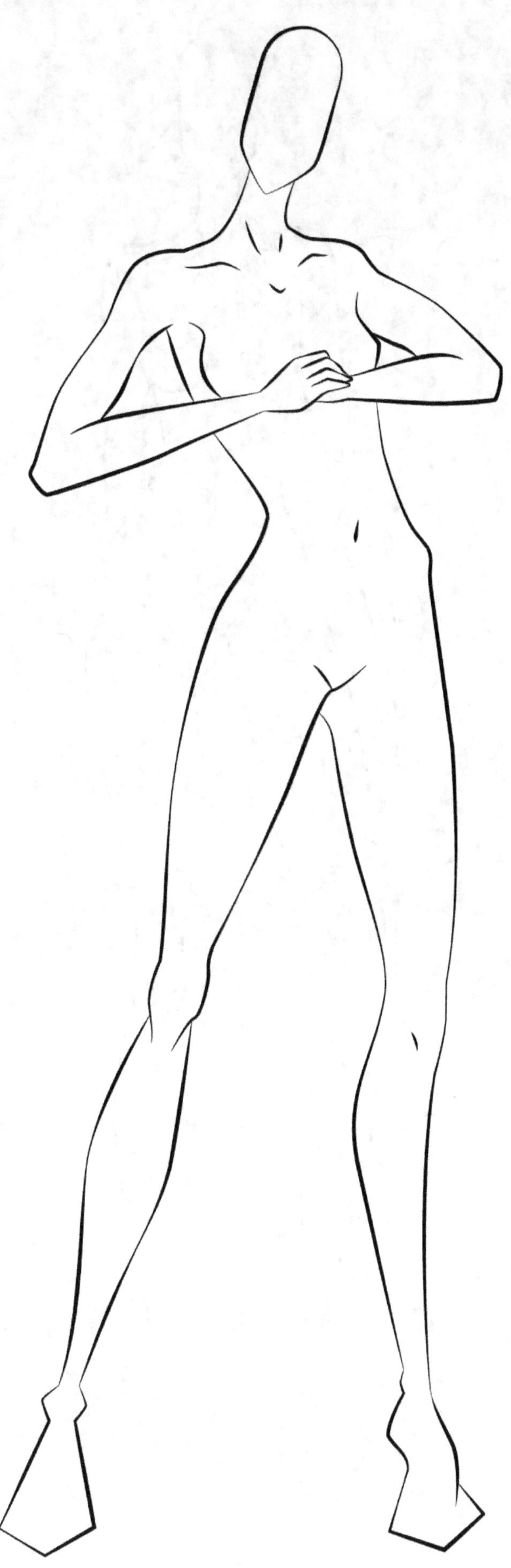

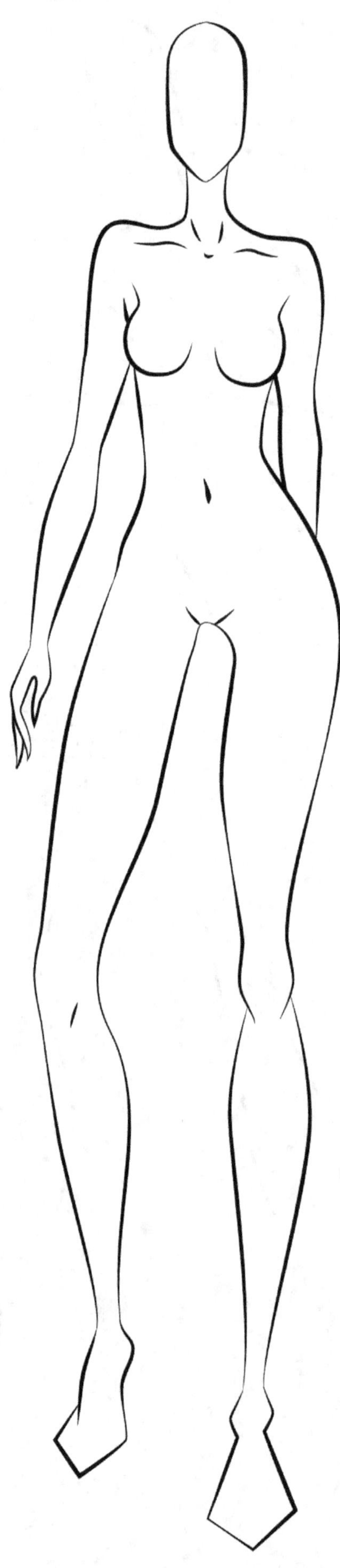

44

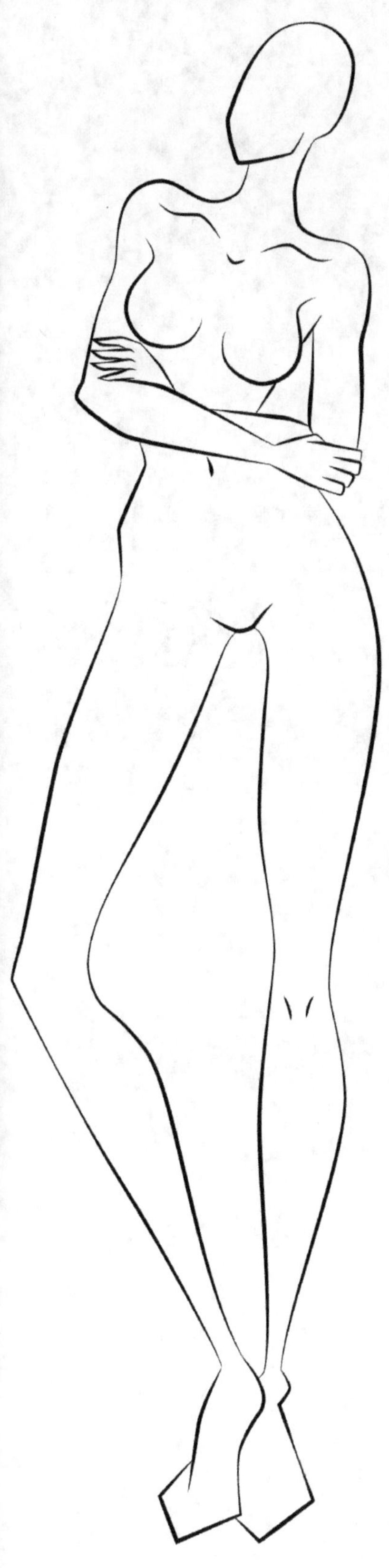

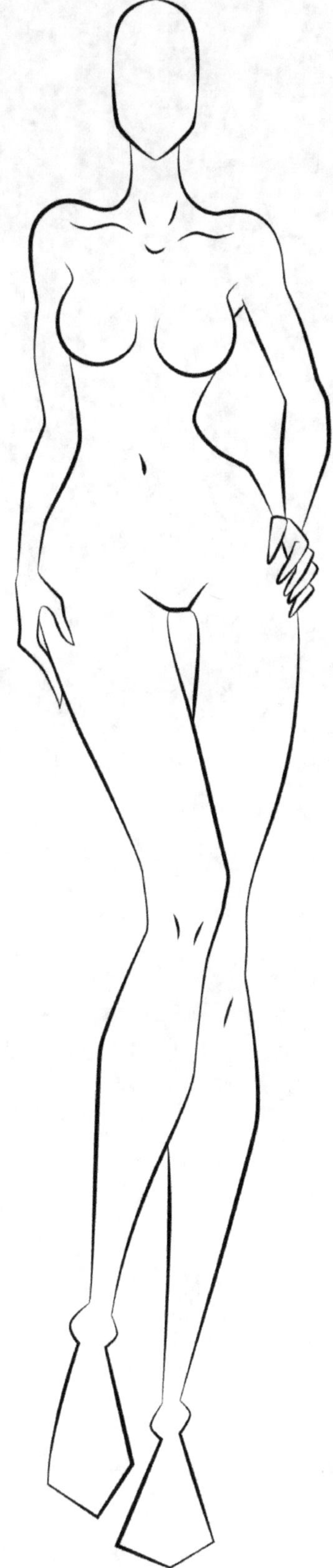

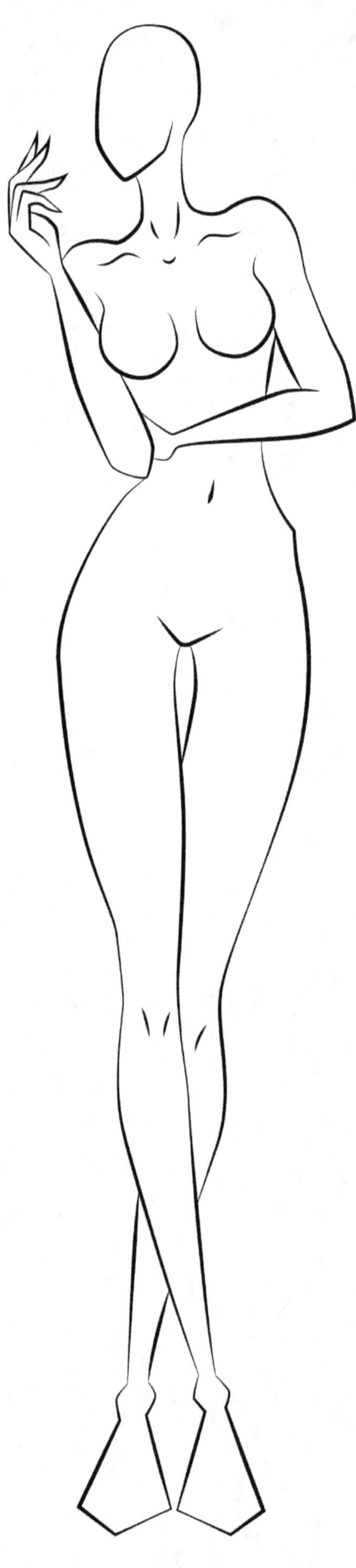

46

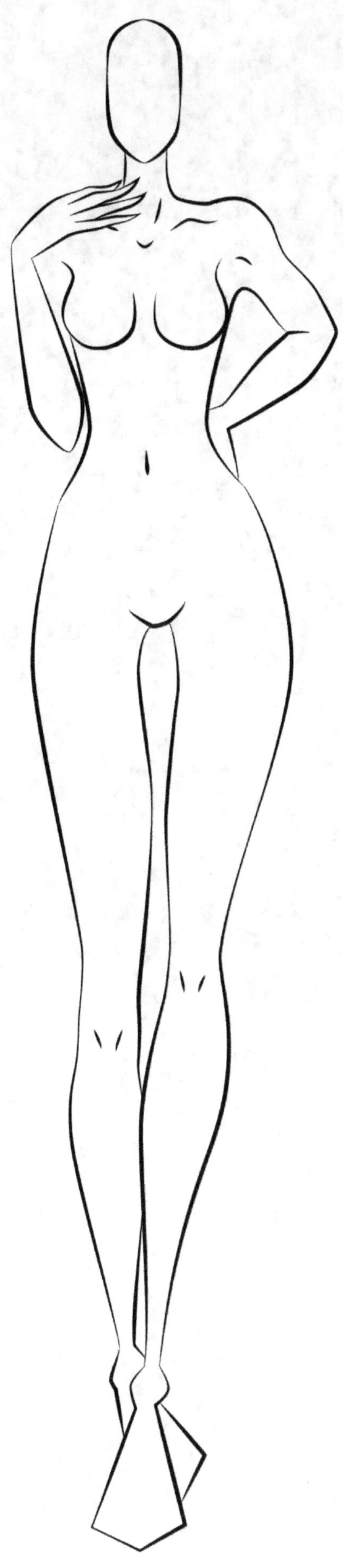

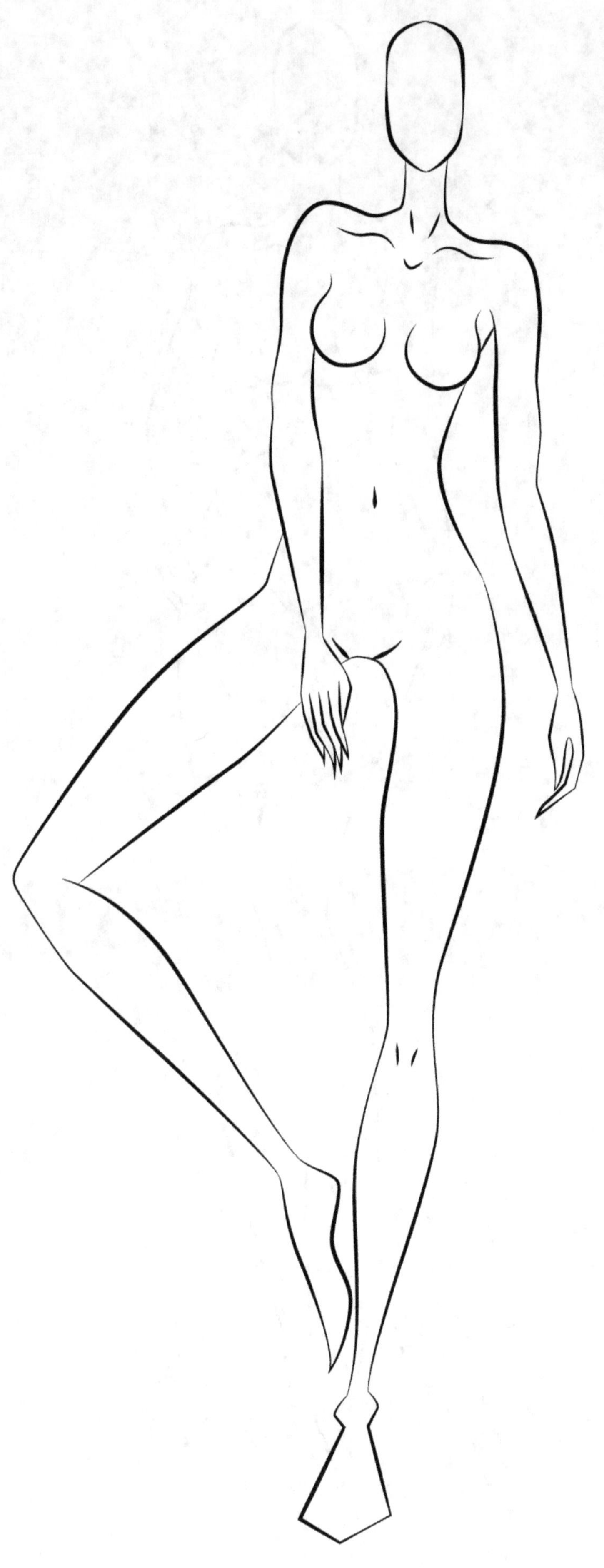

49

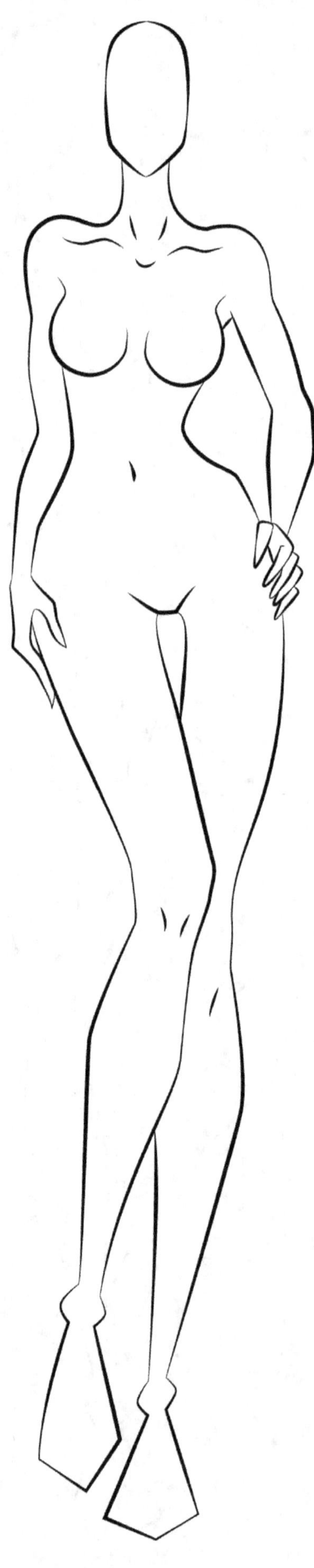

50

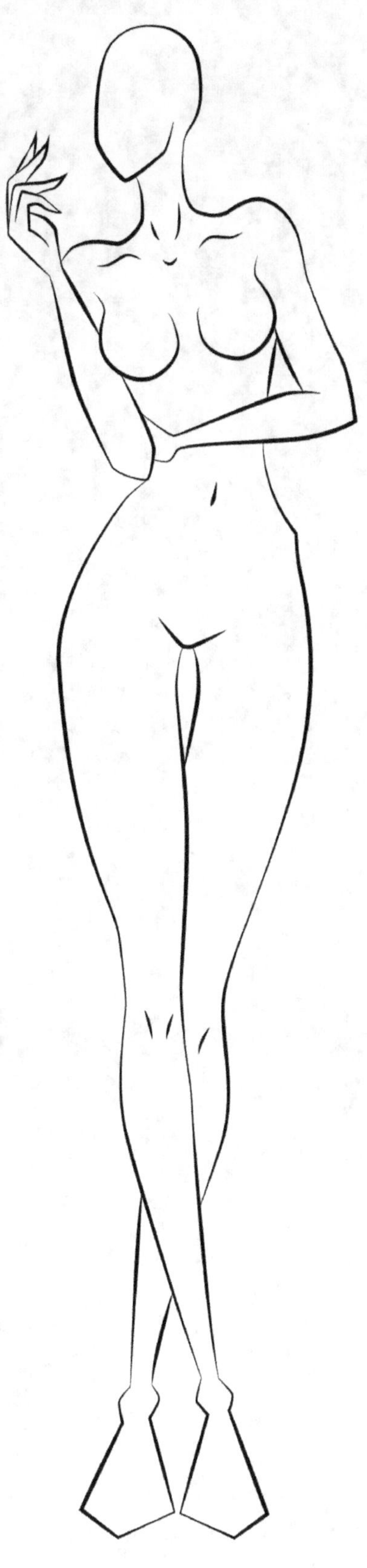
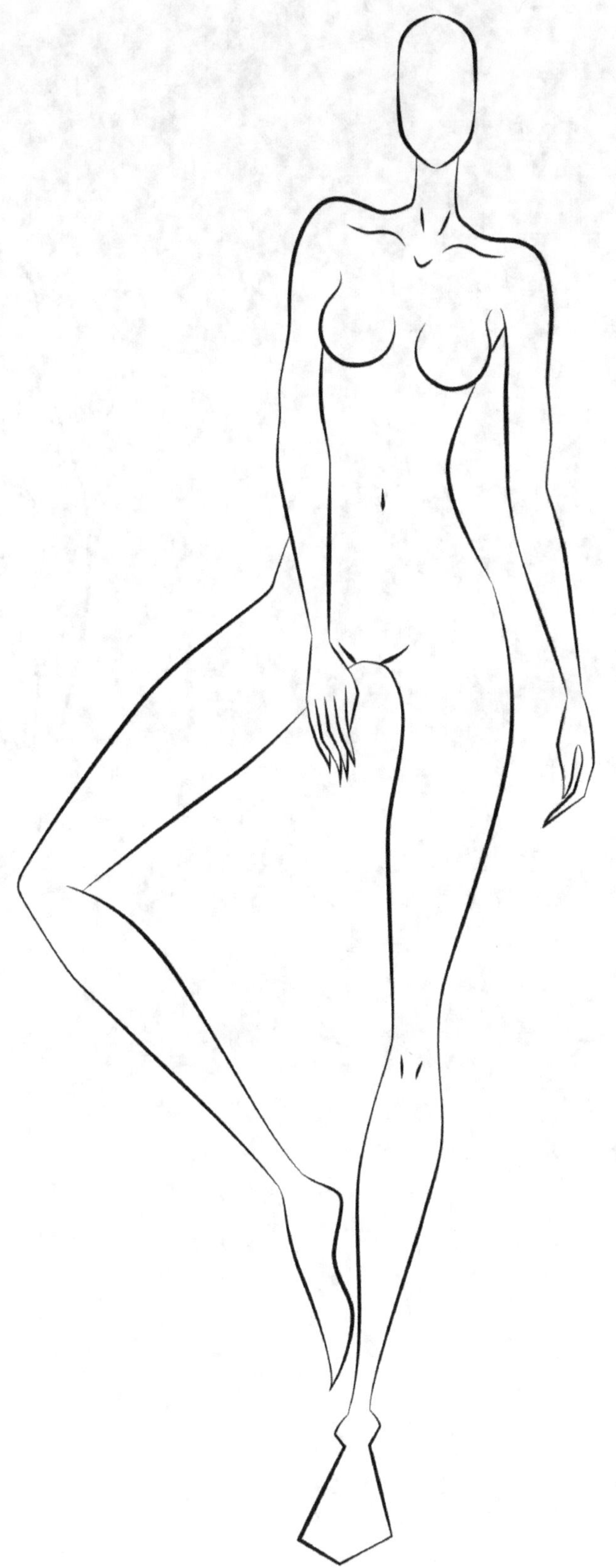

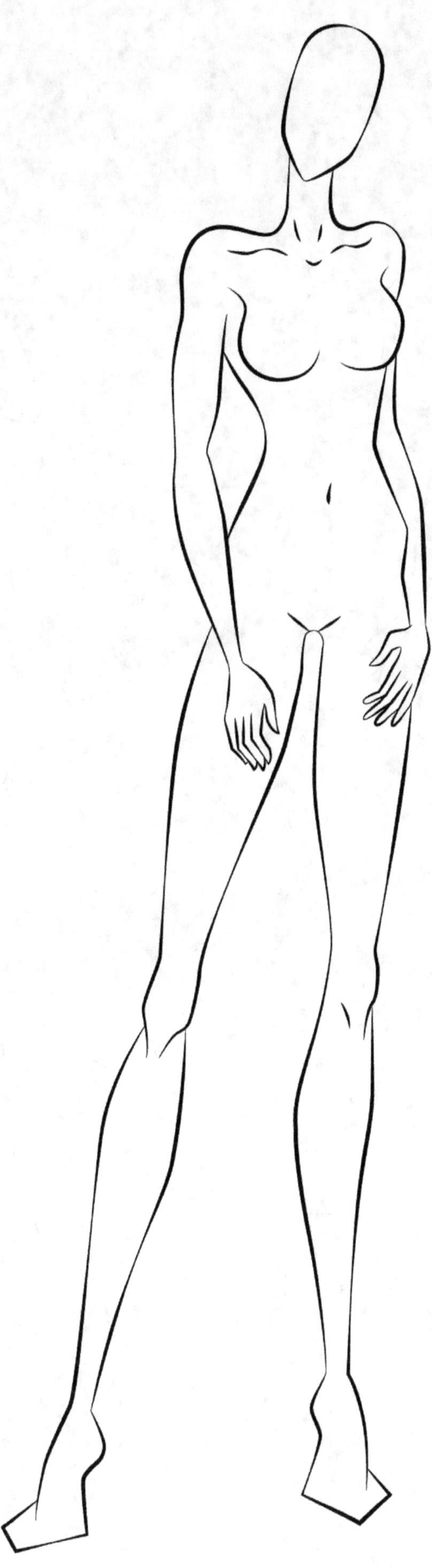

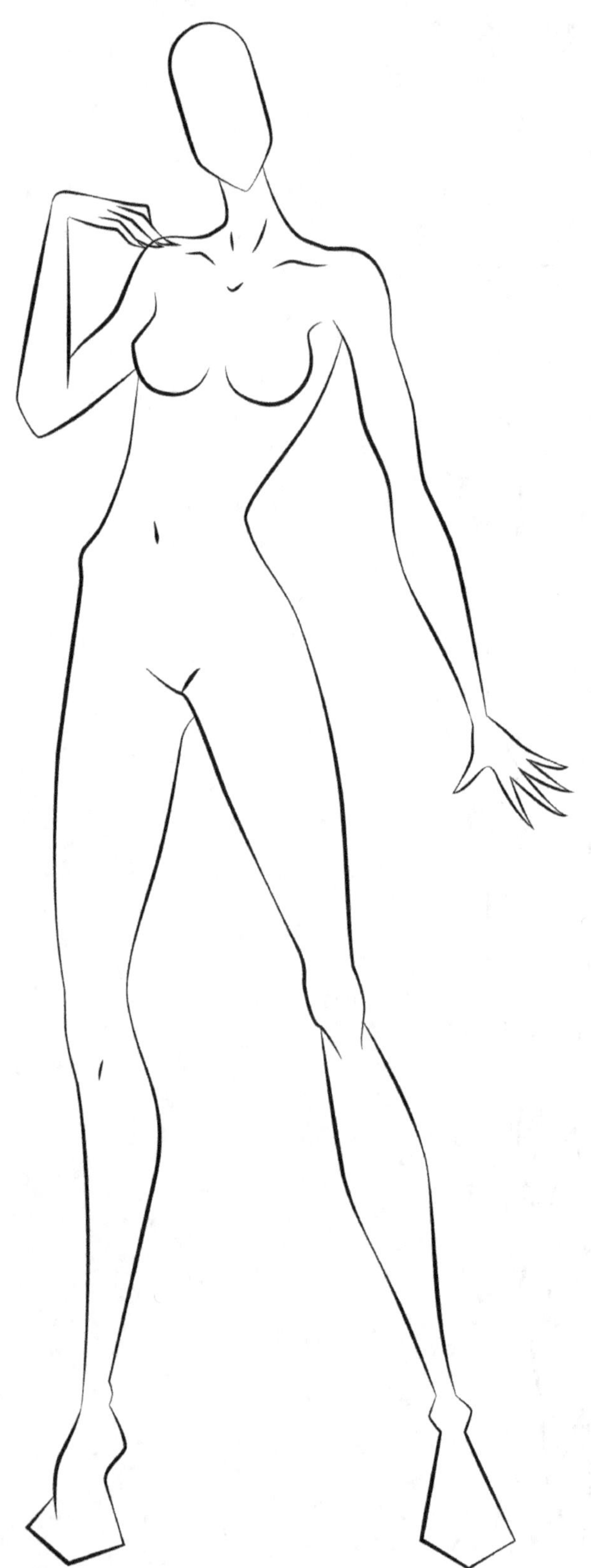
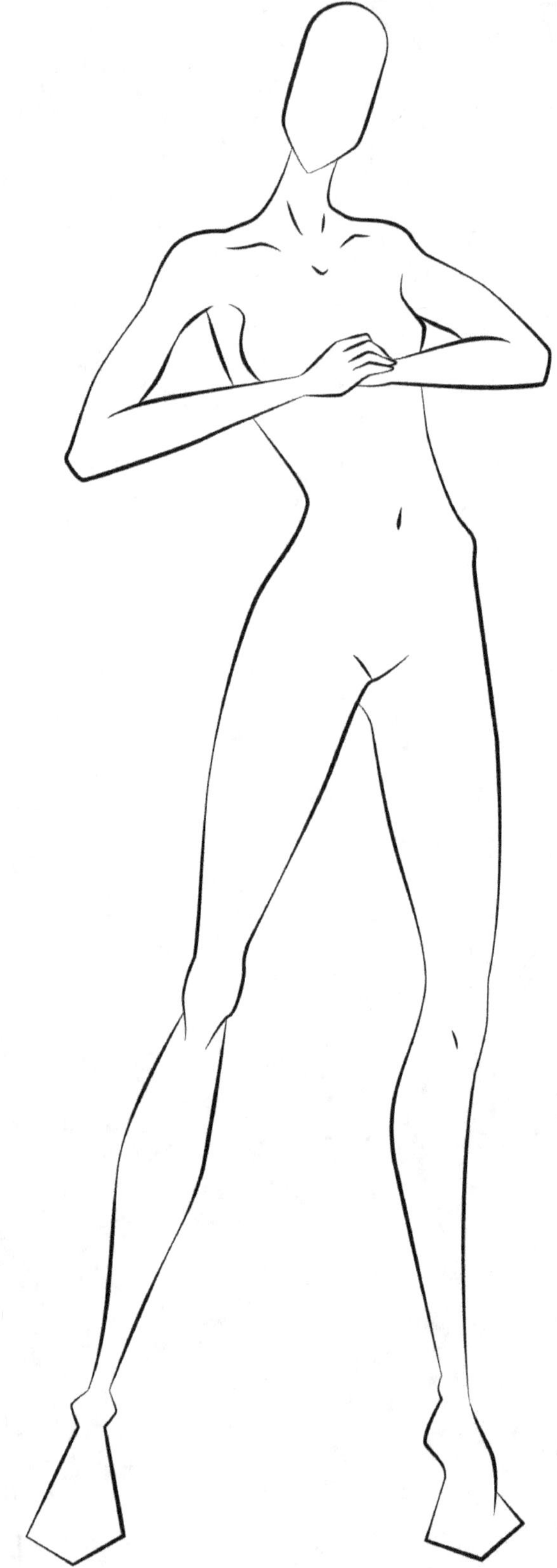

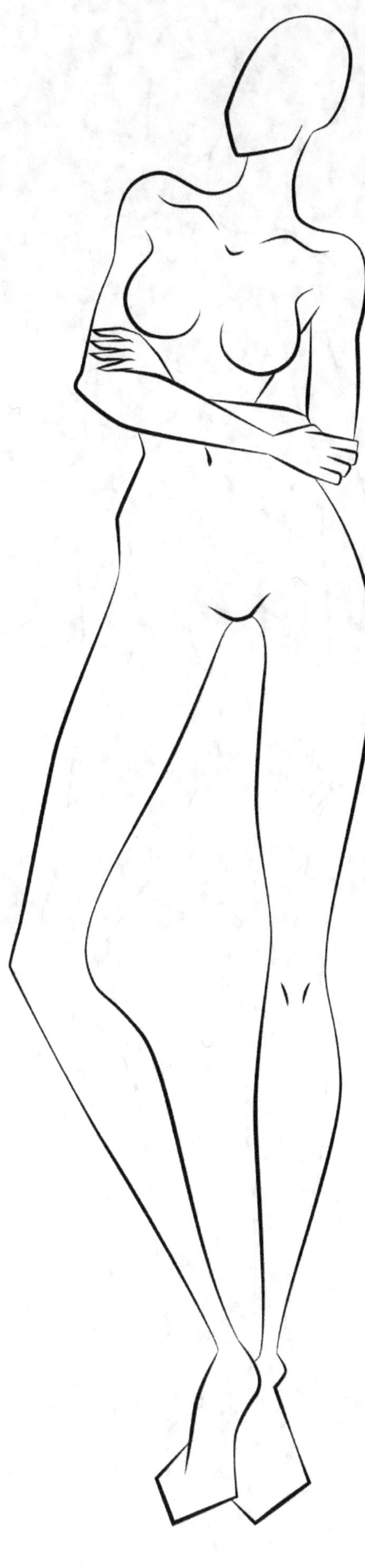

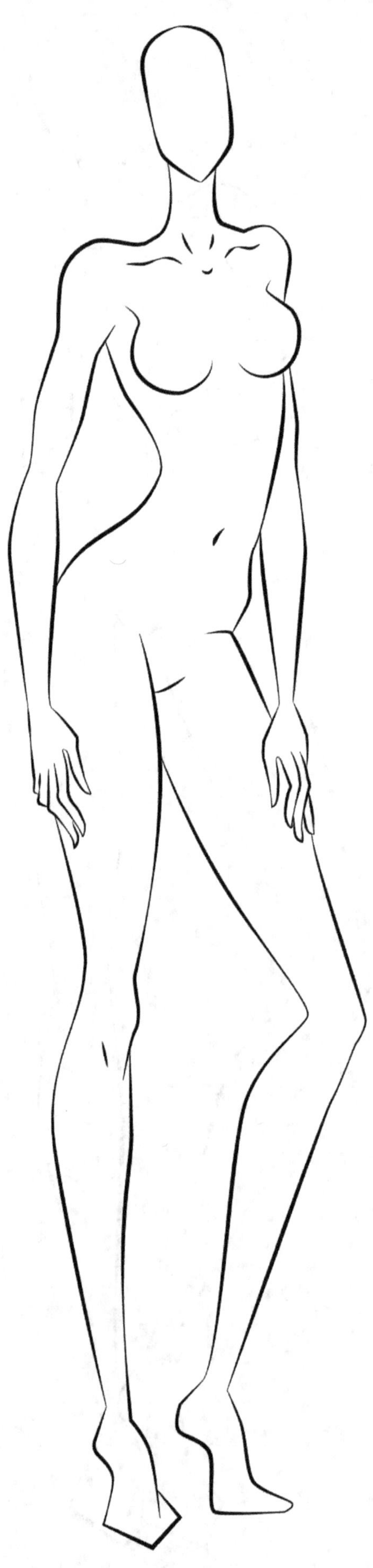

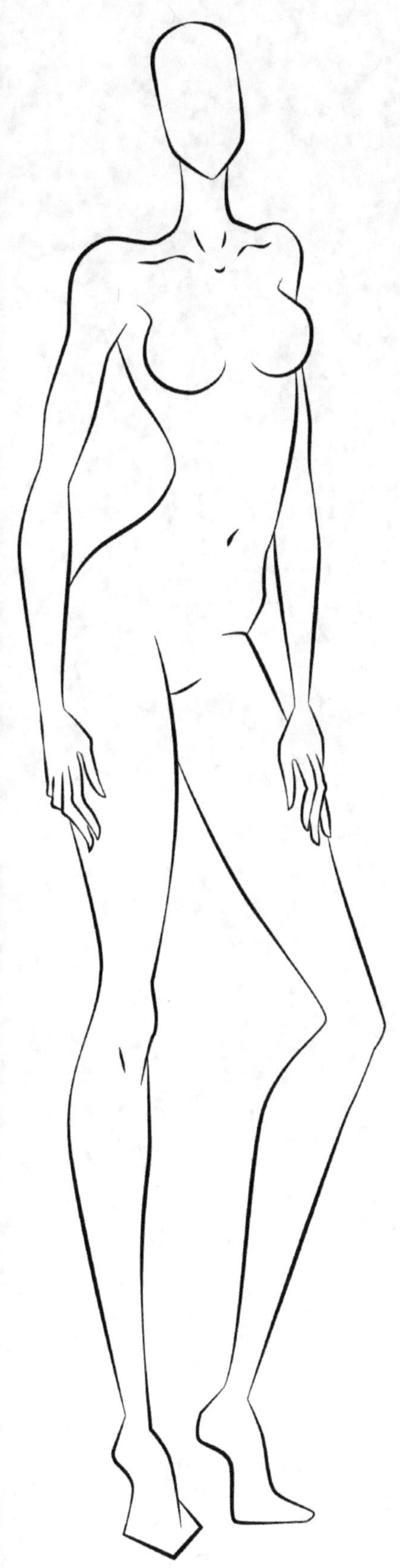

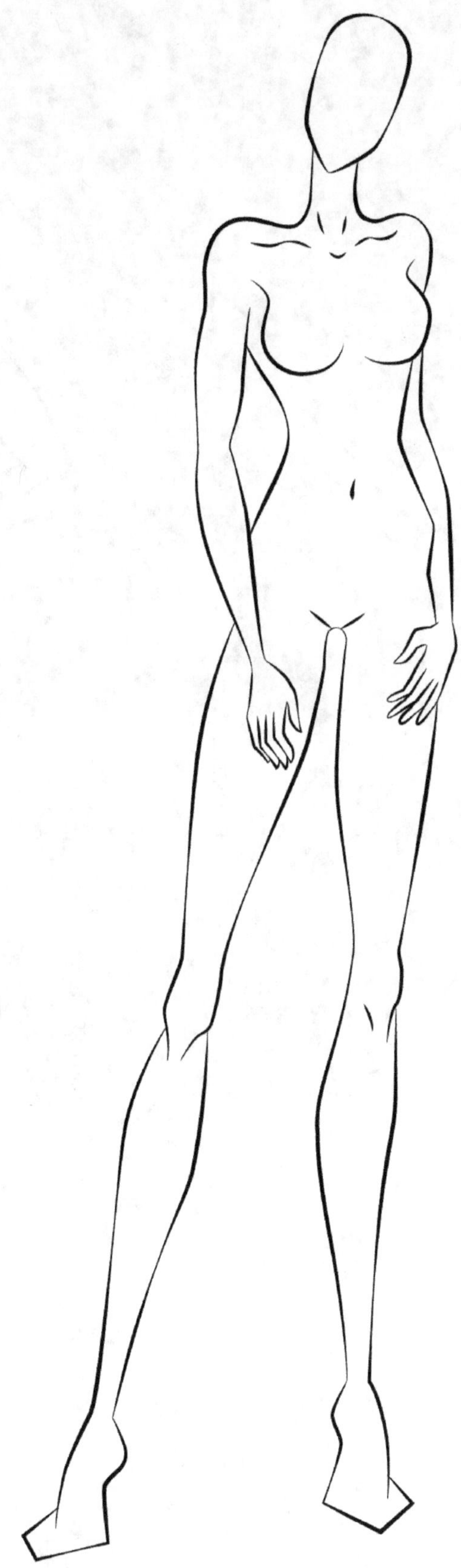

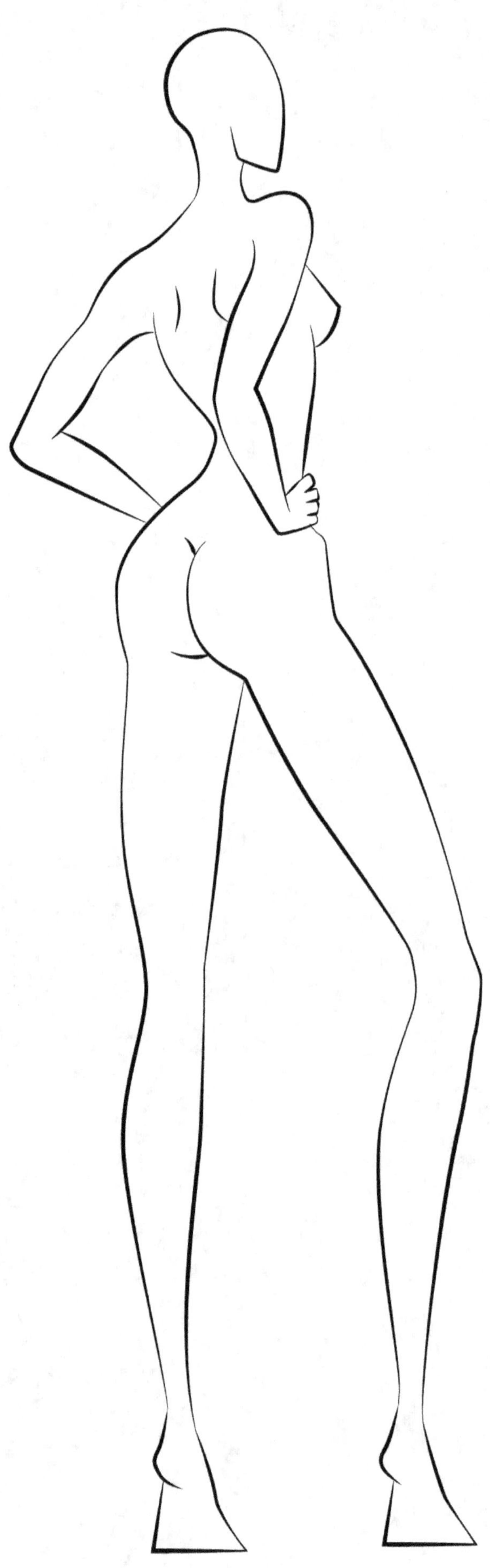

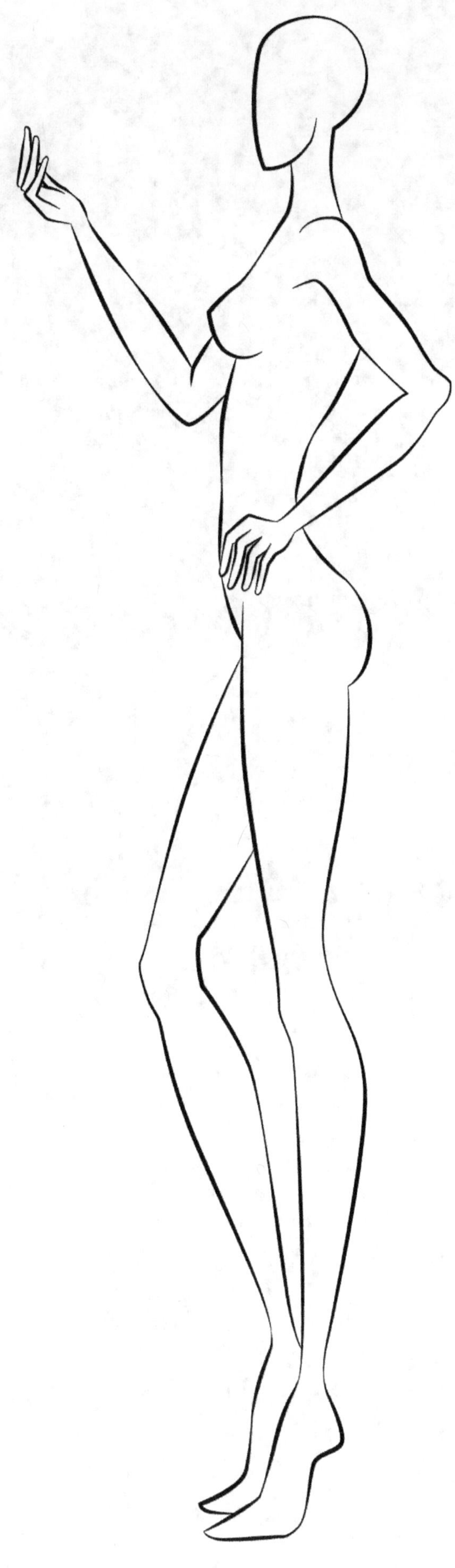

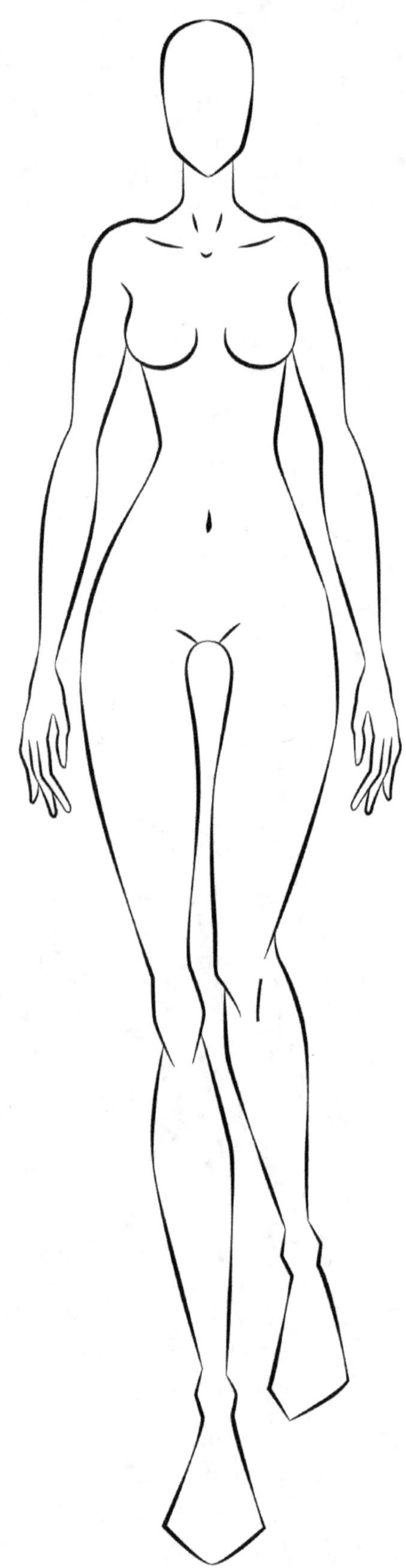

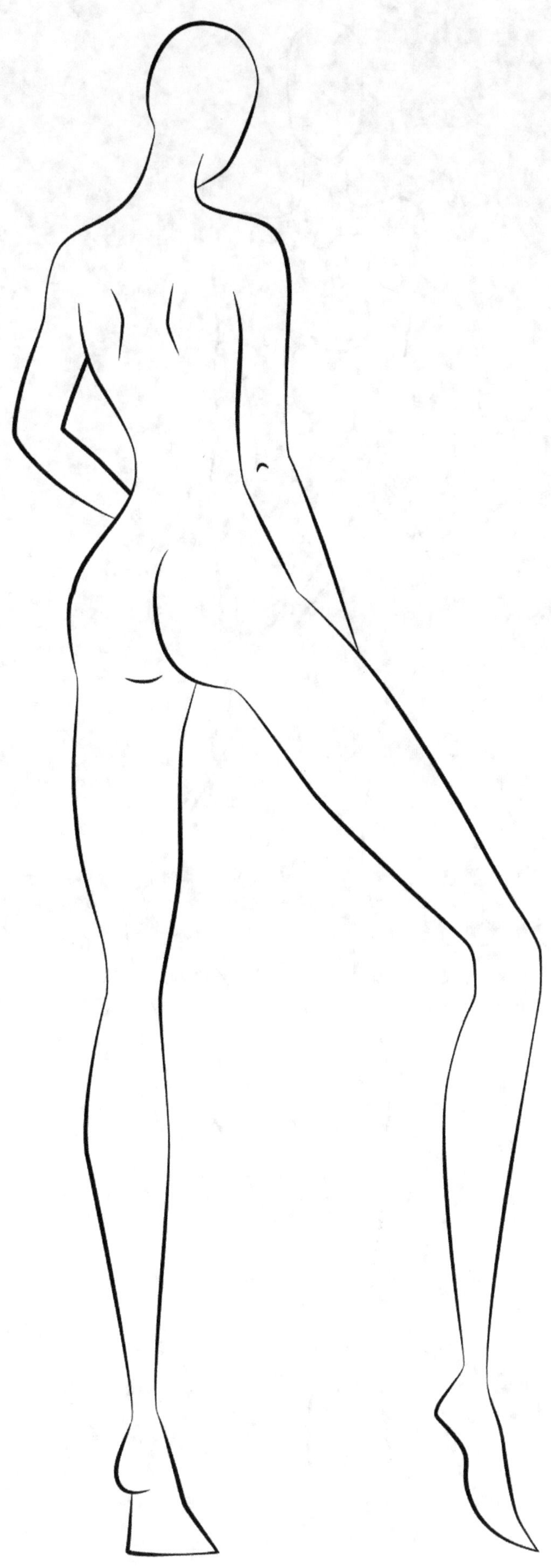

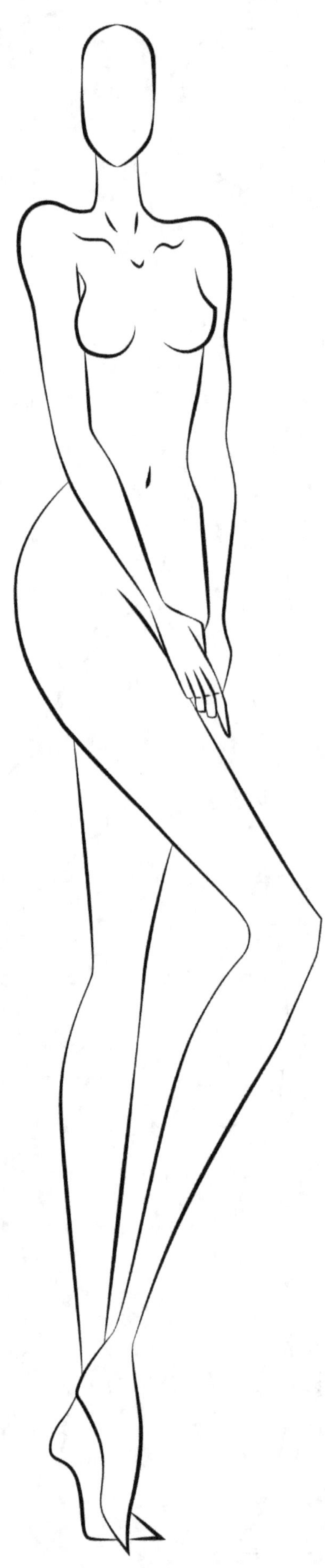

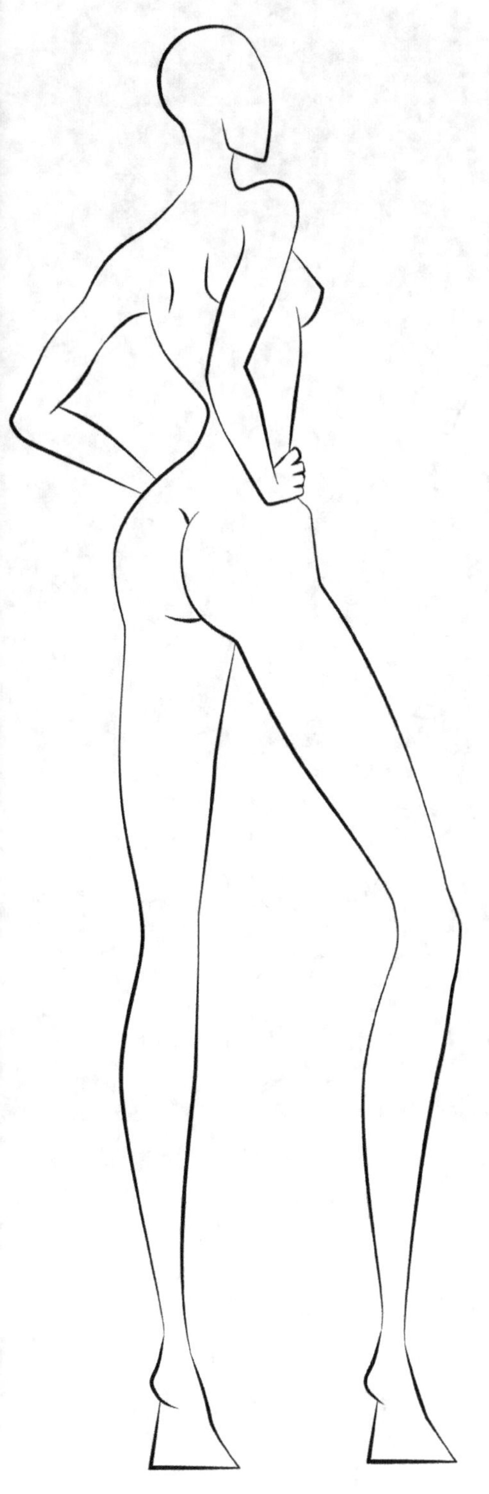
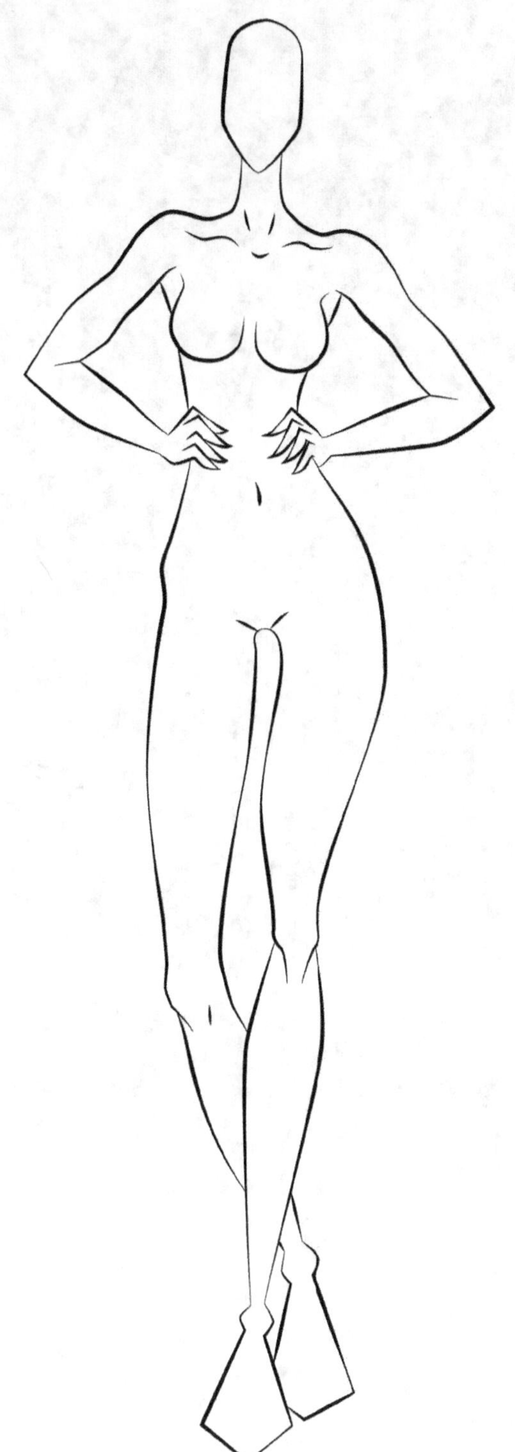

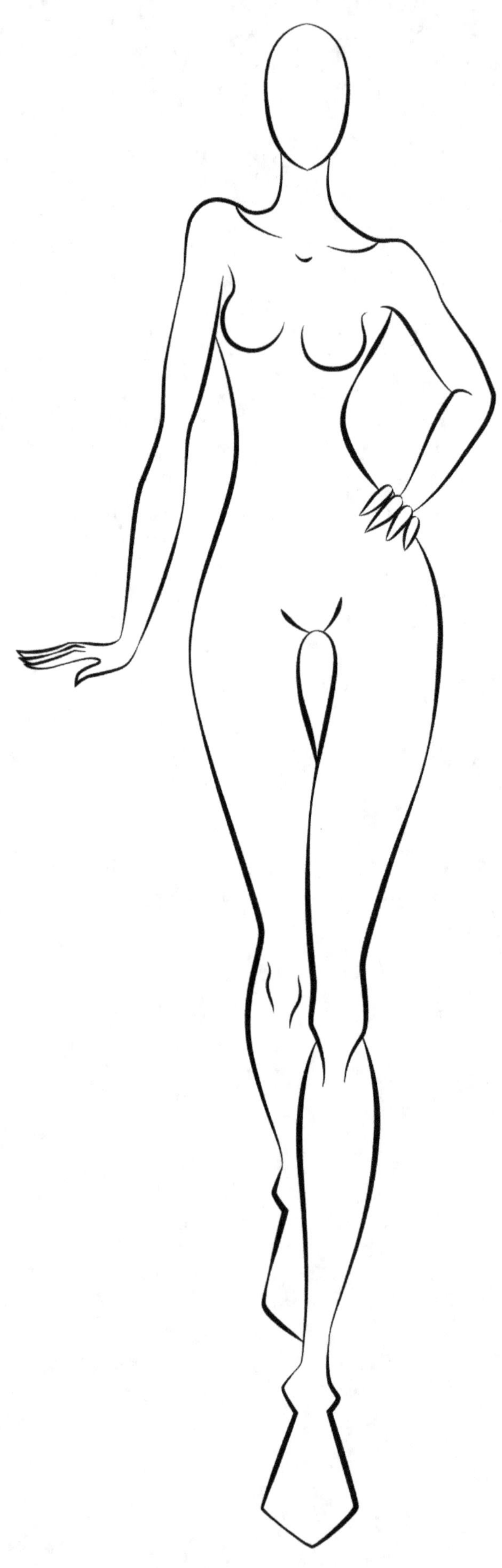

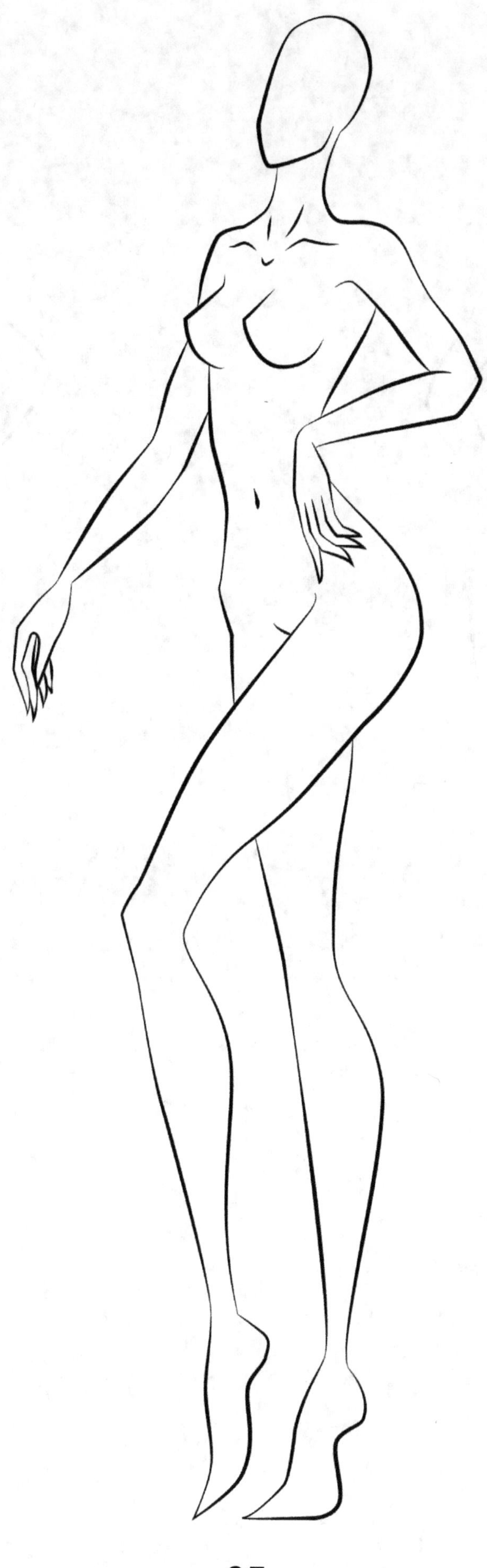

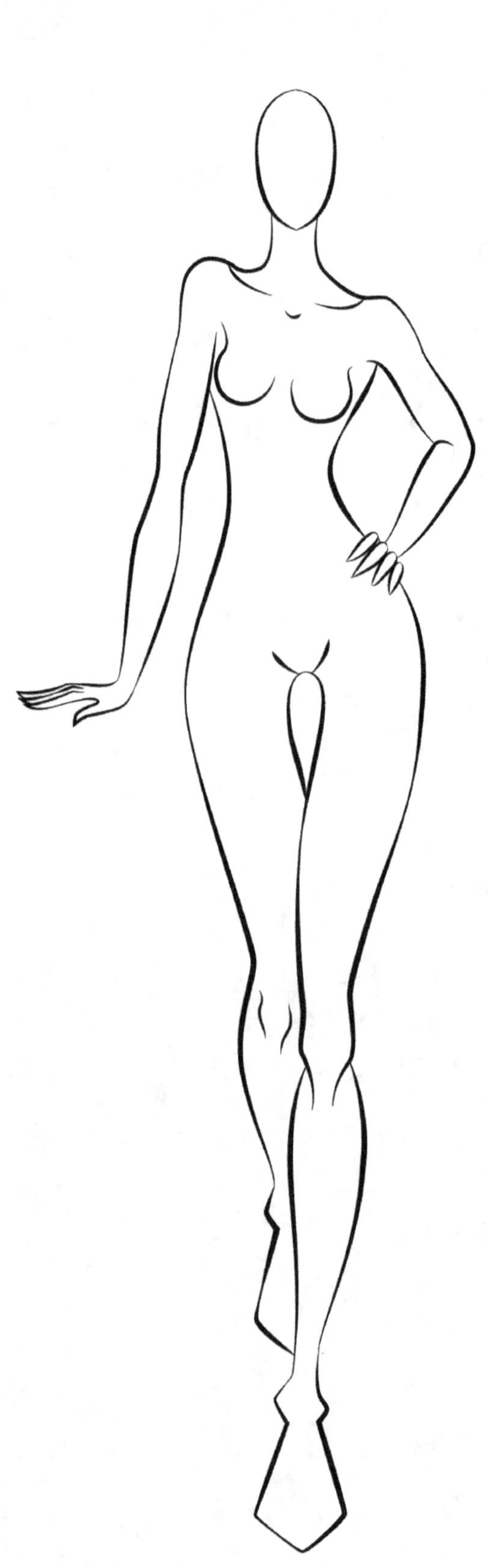
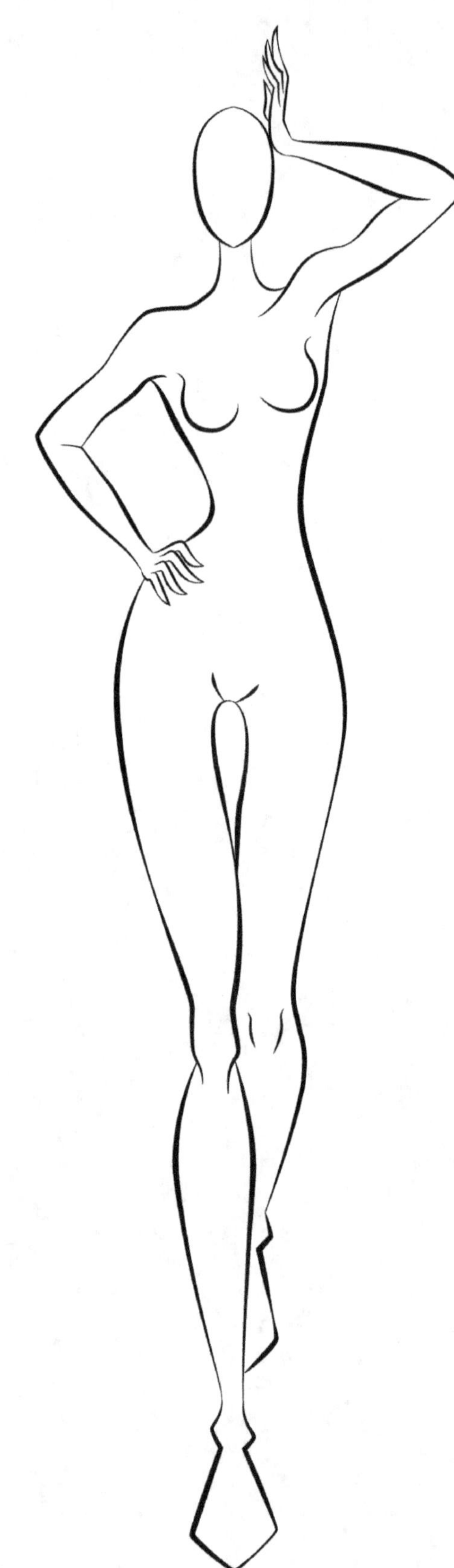

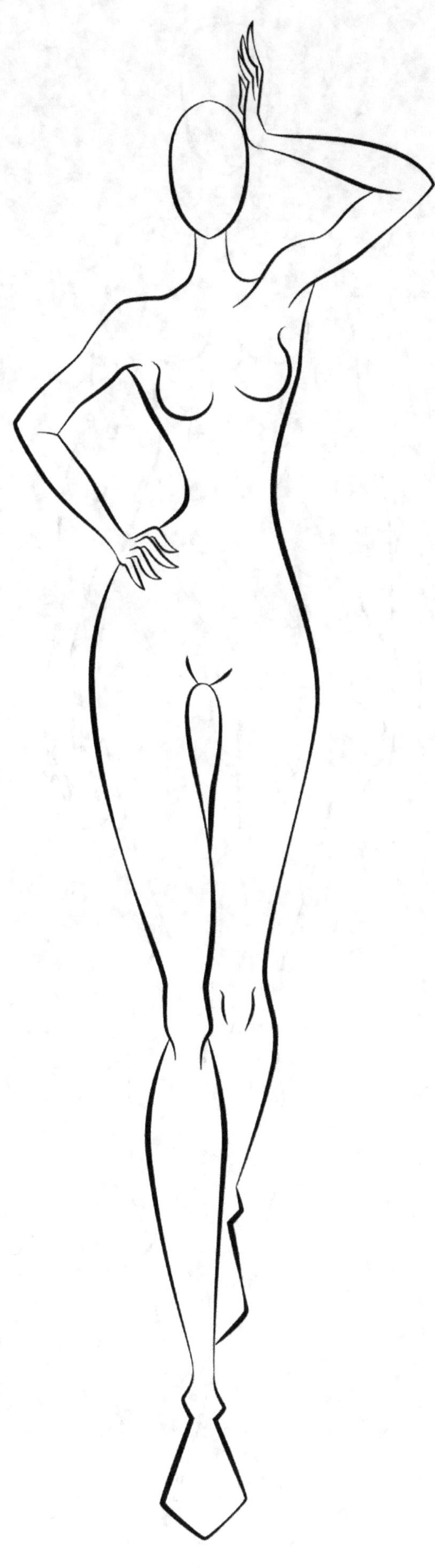

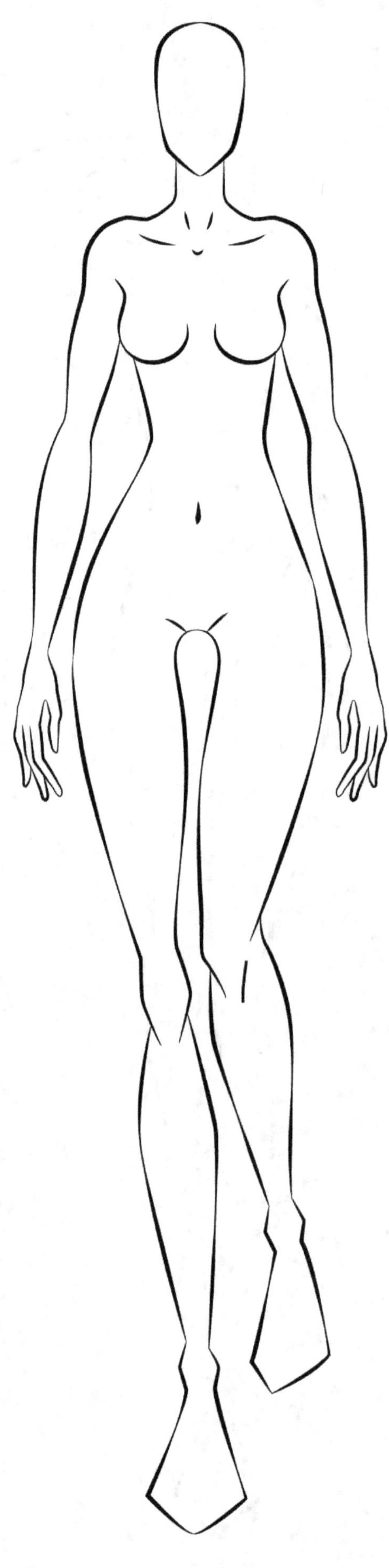

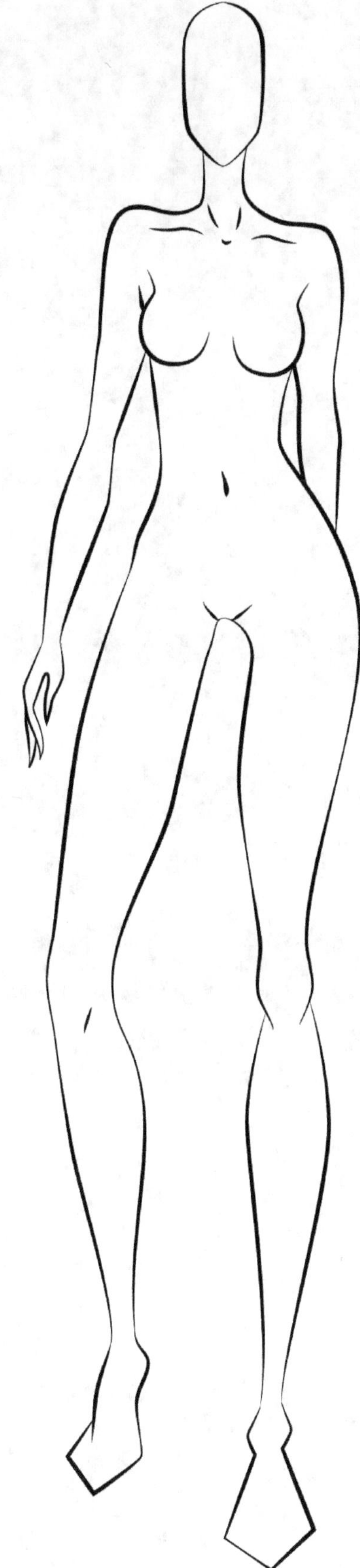

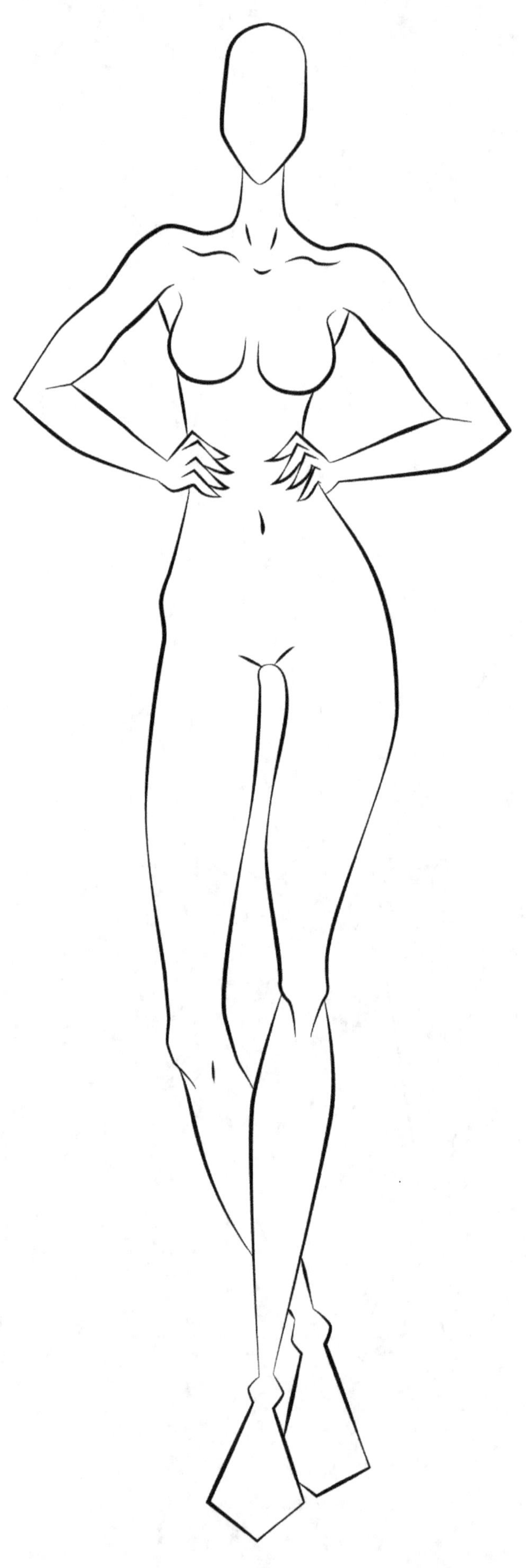

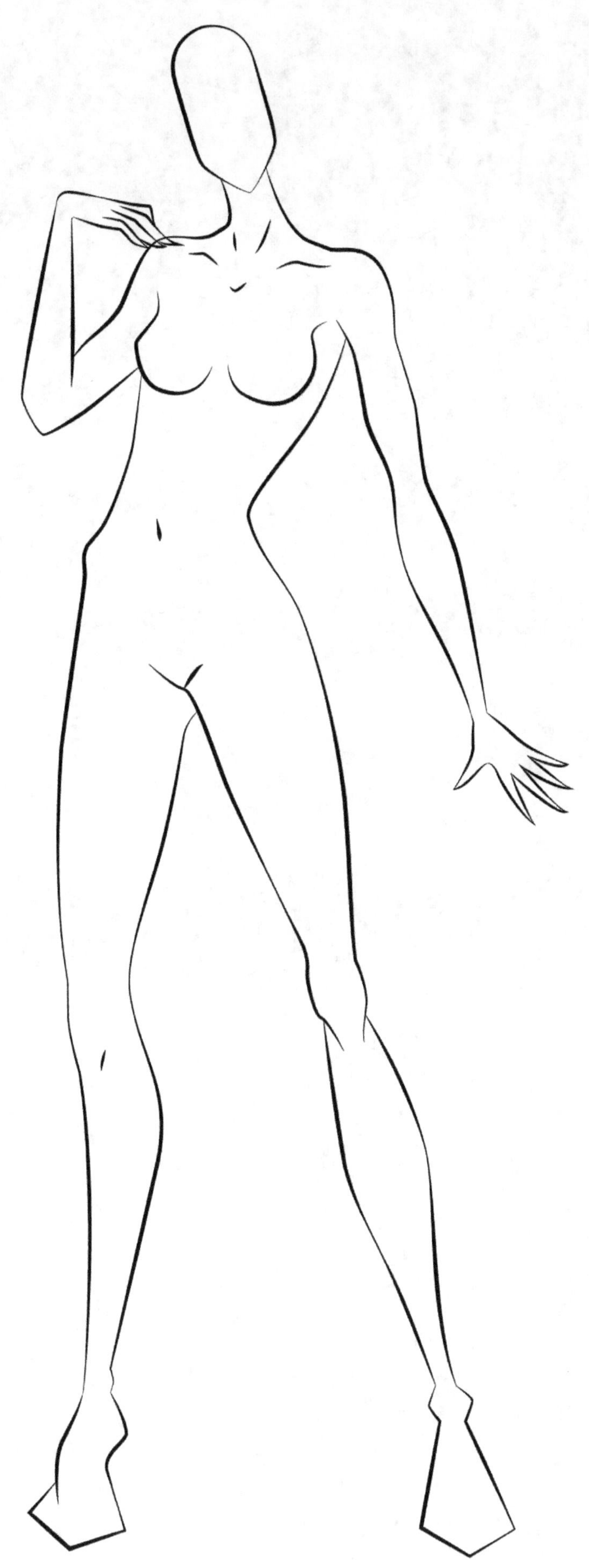

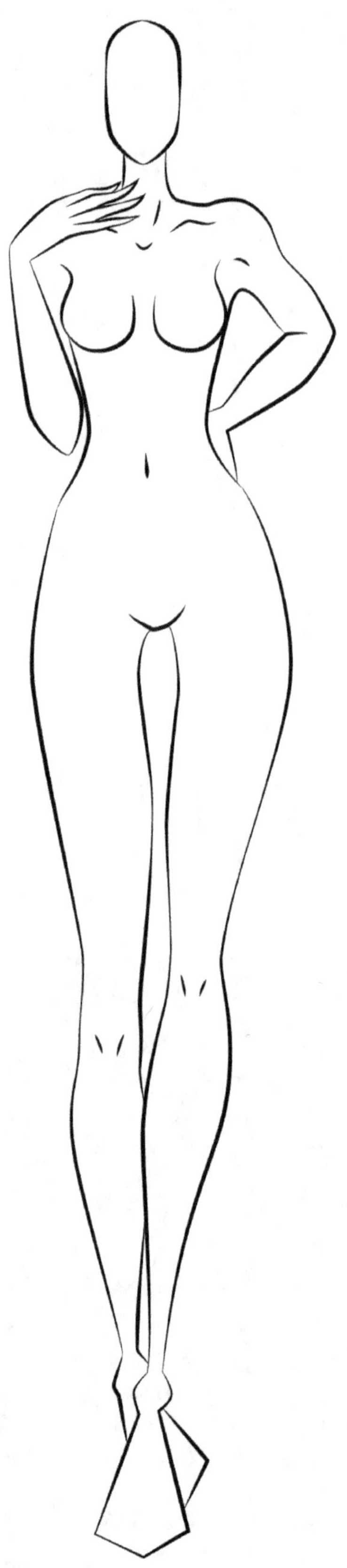
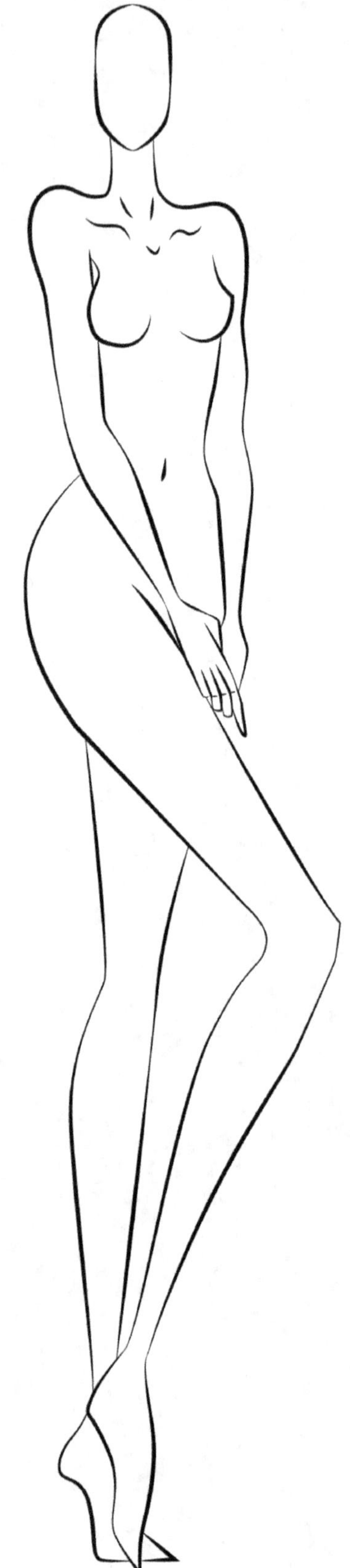

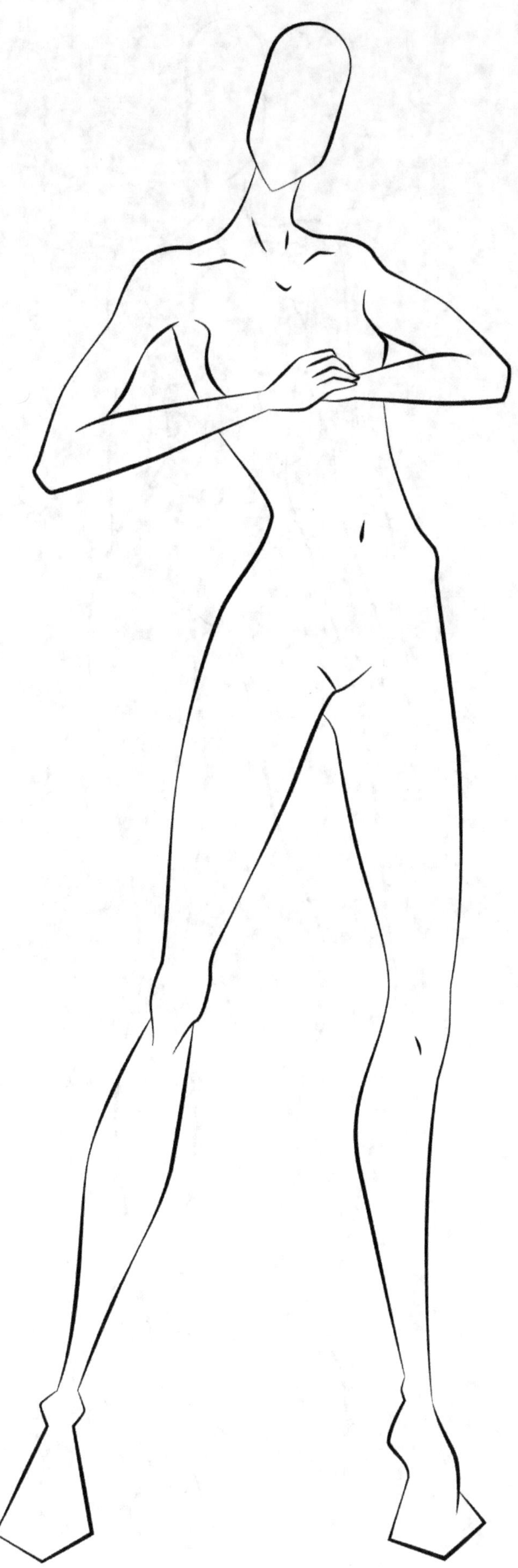

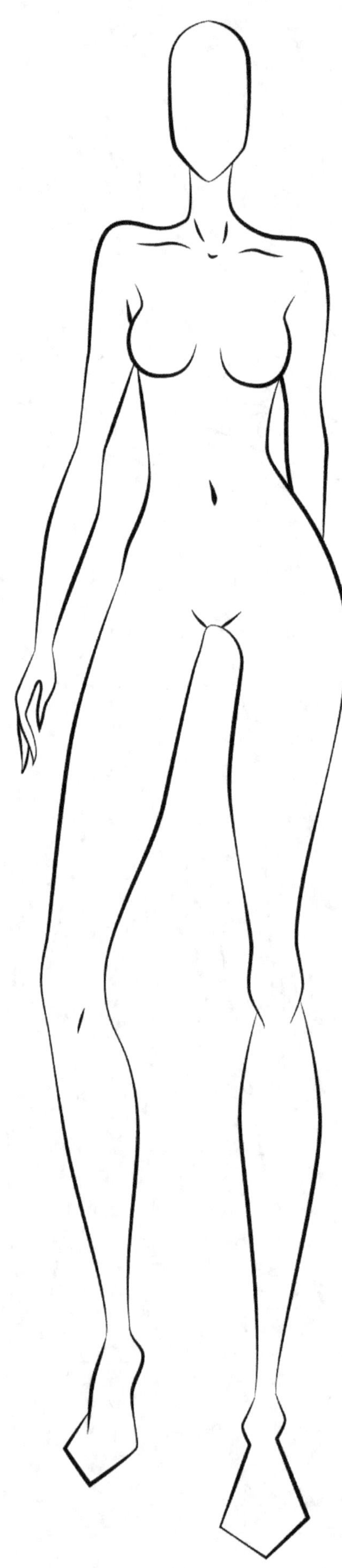

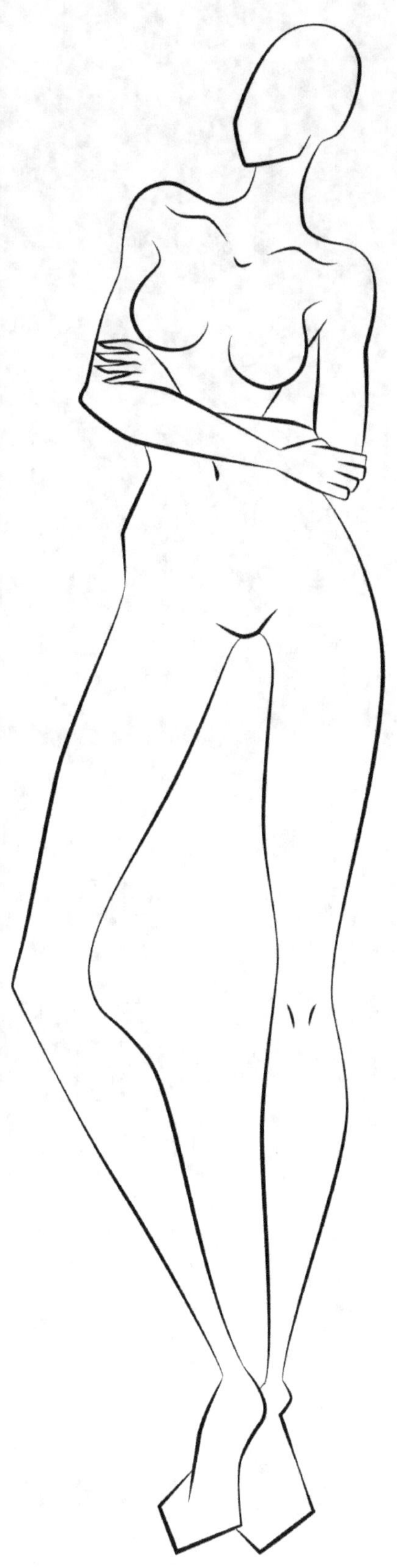

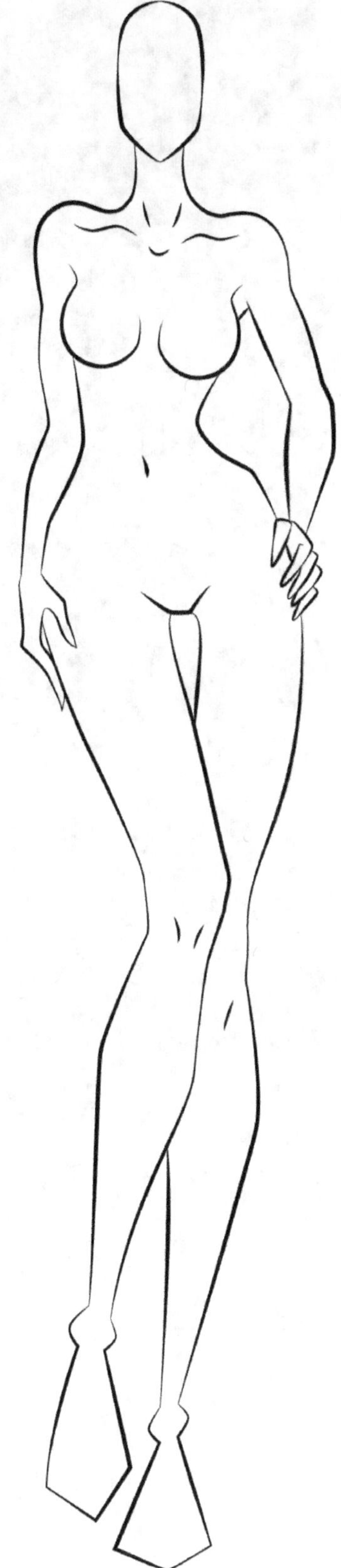

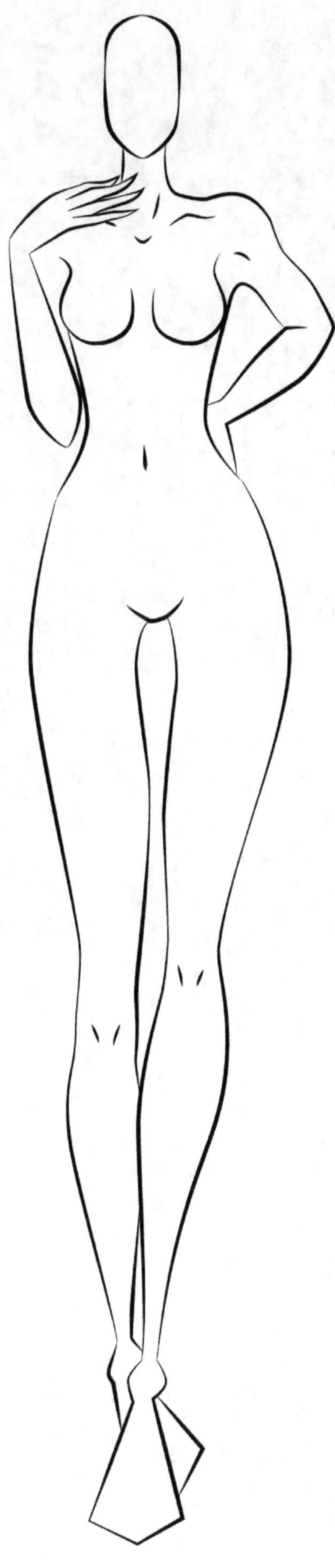

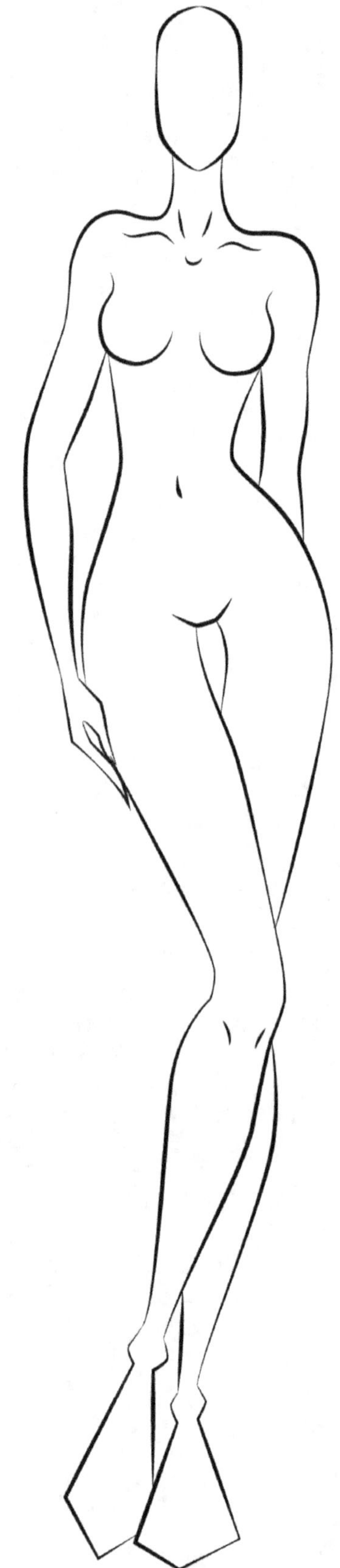

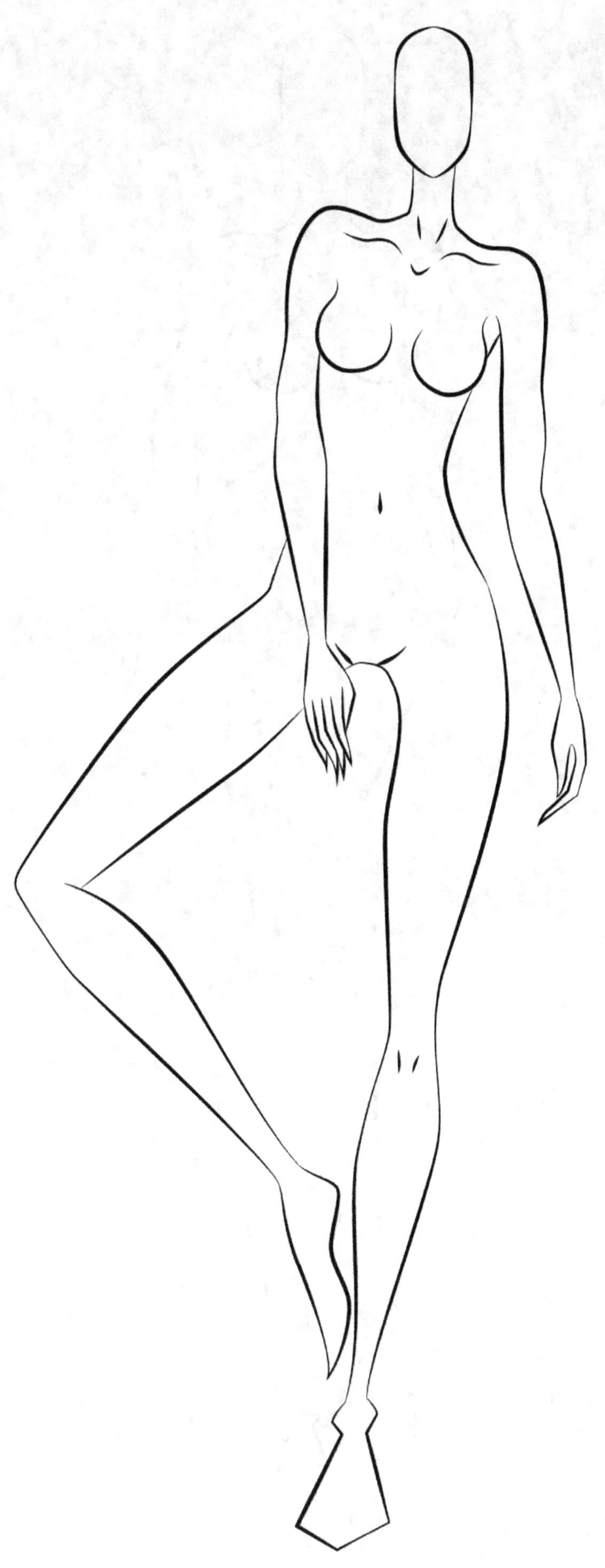

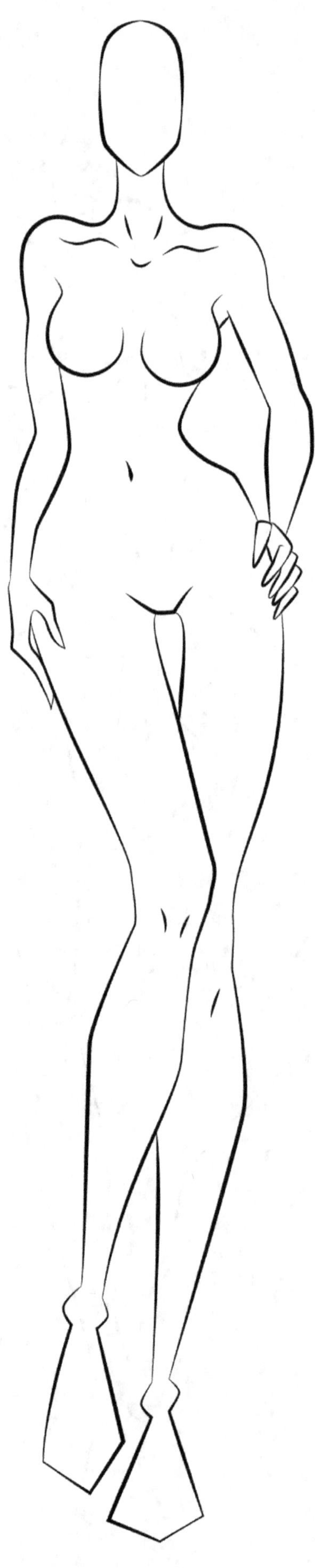

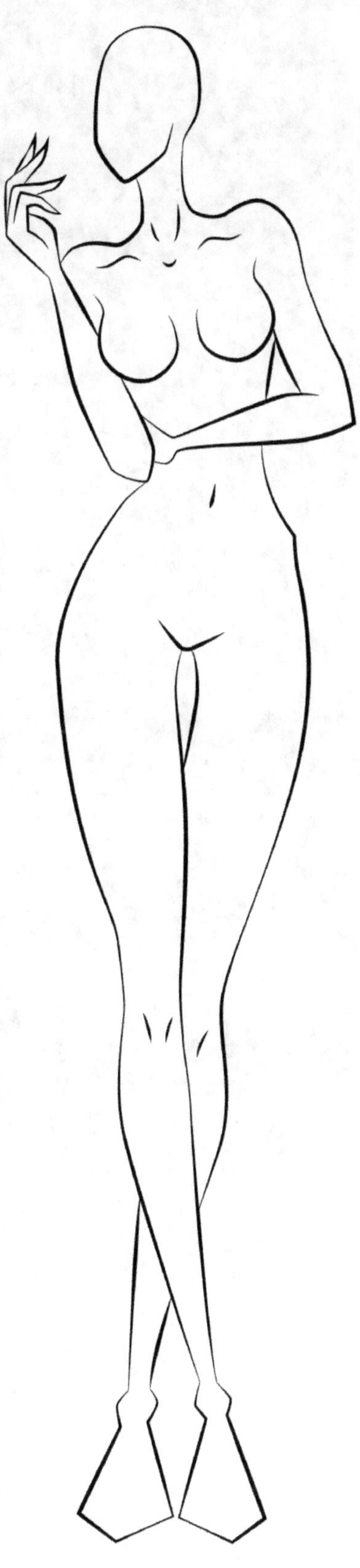

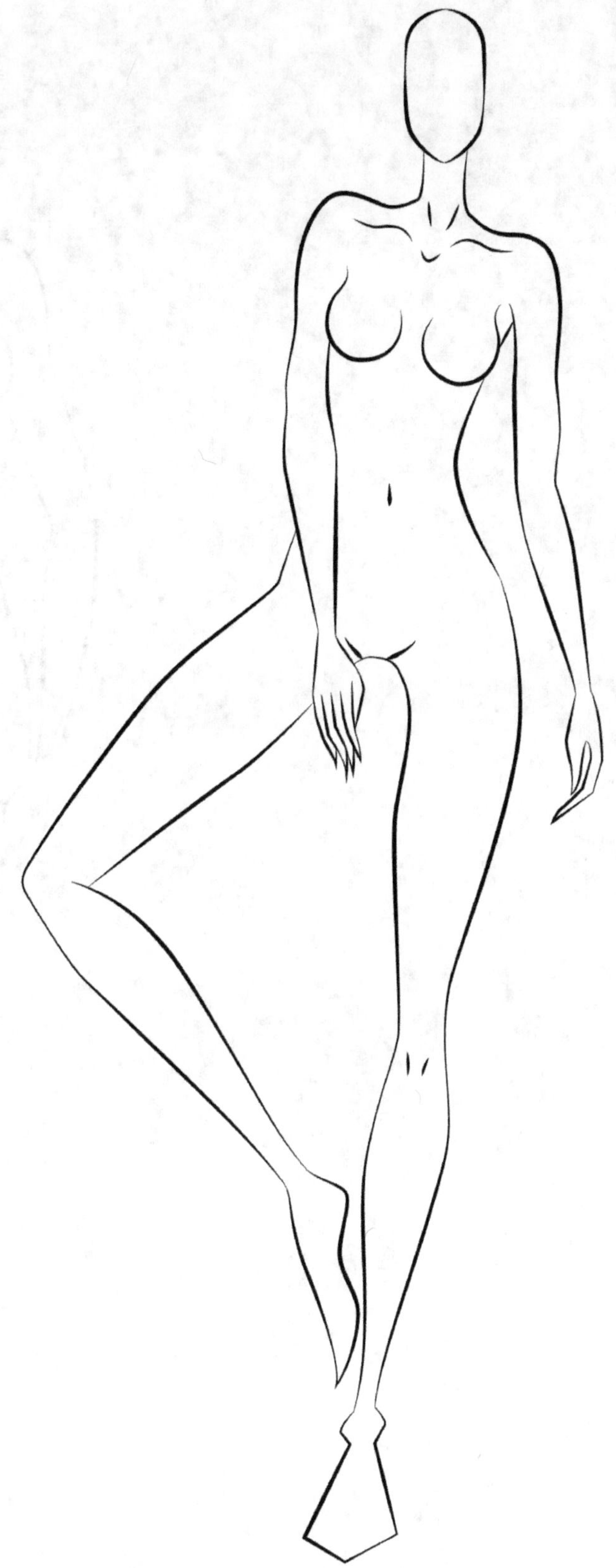

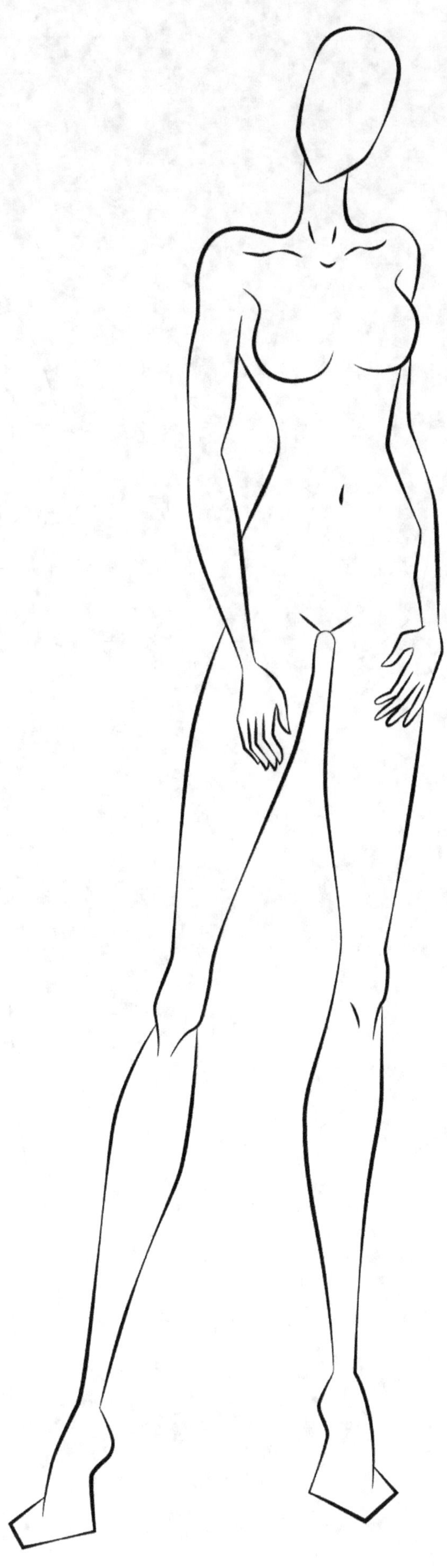

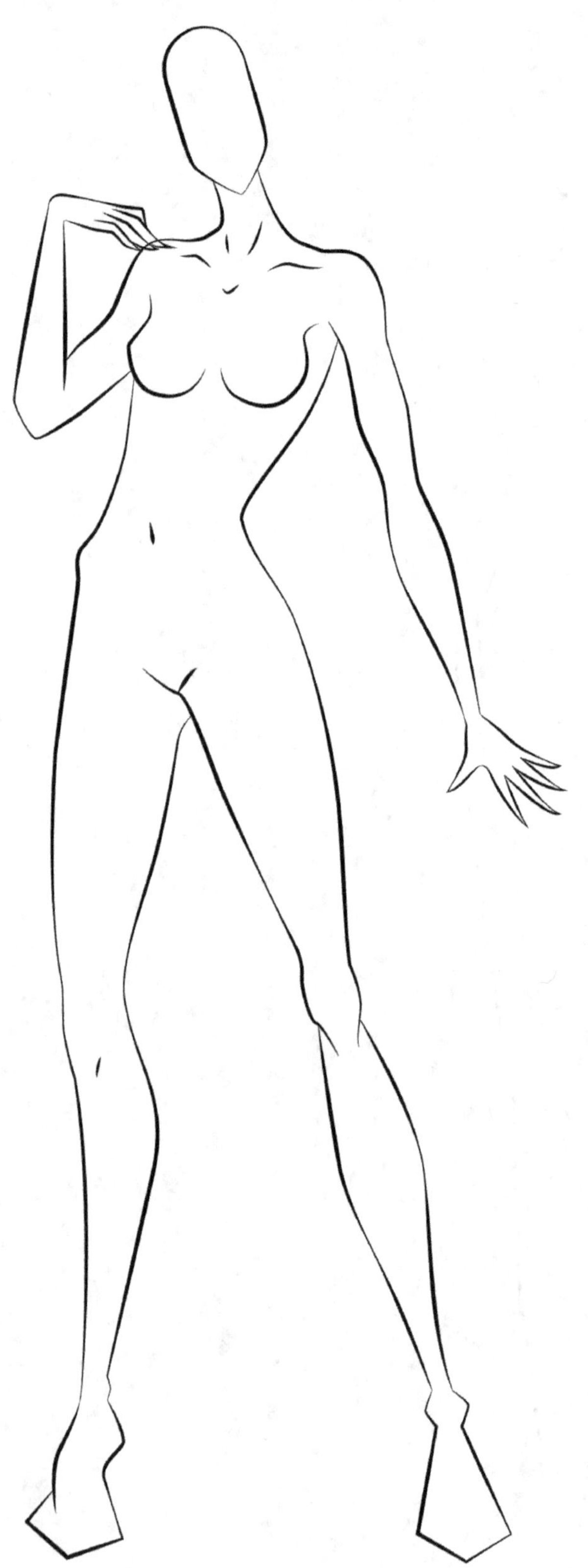
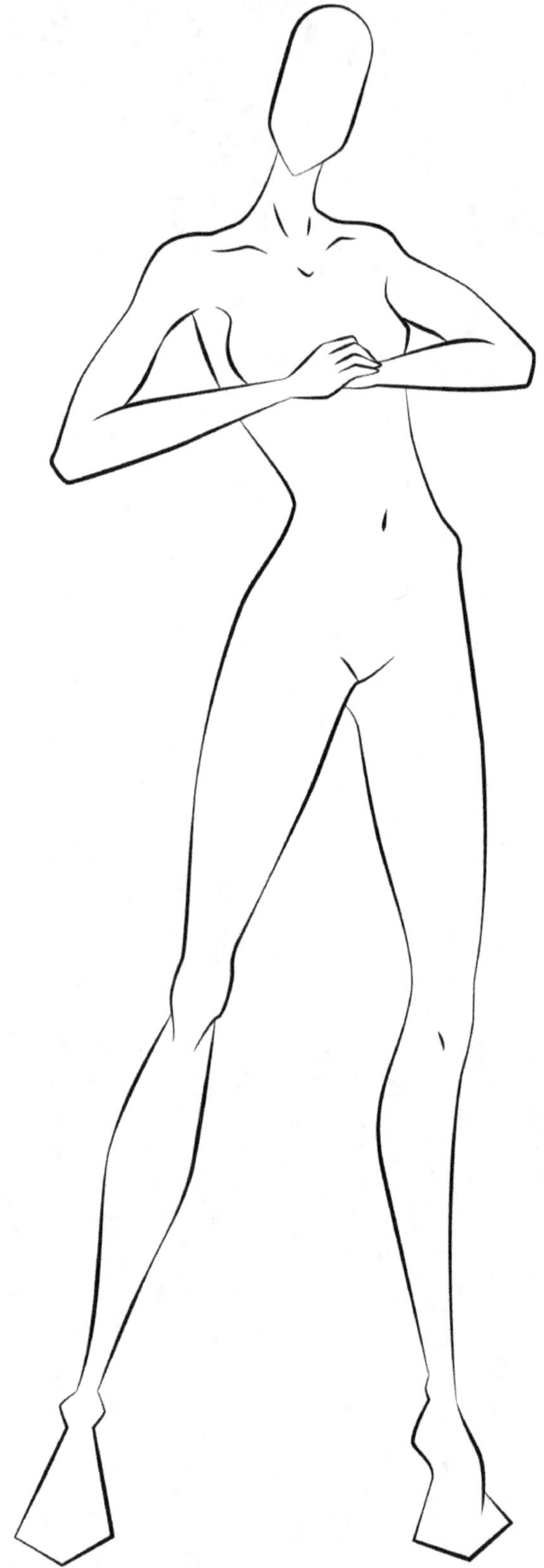

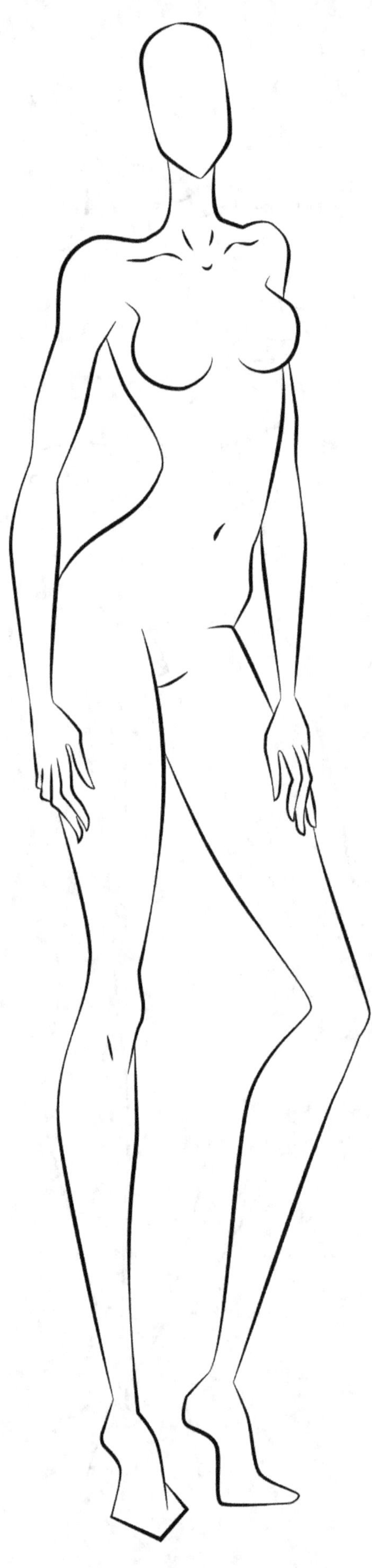

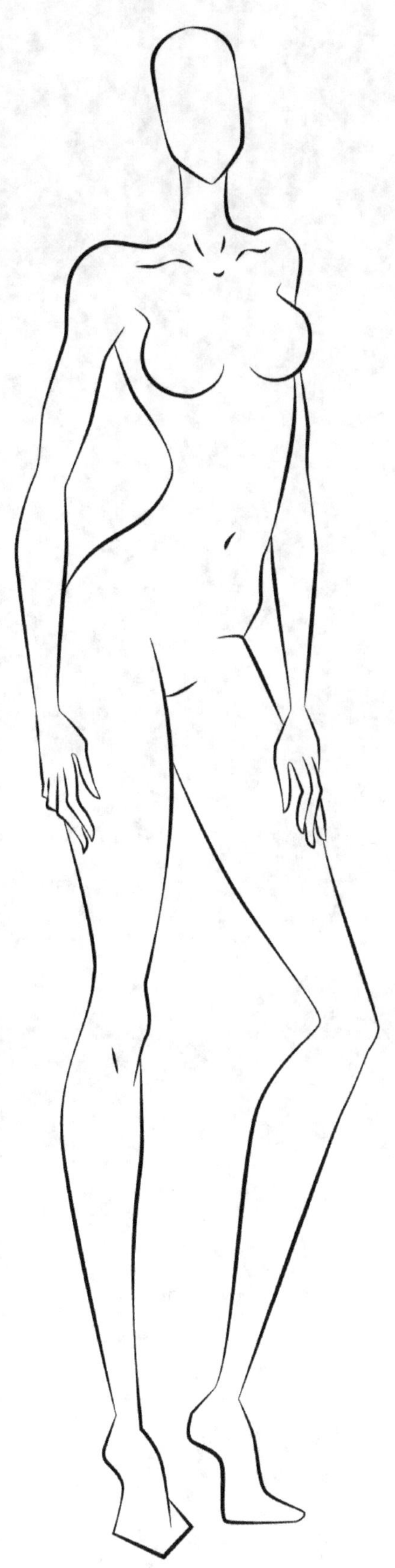

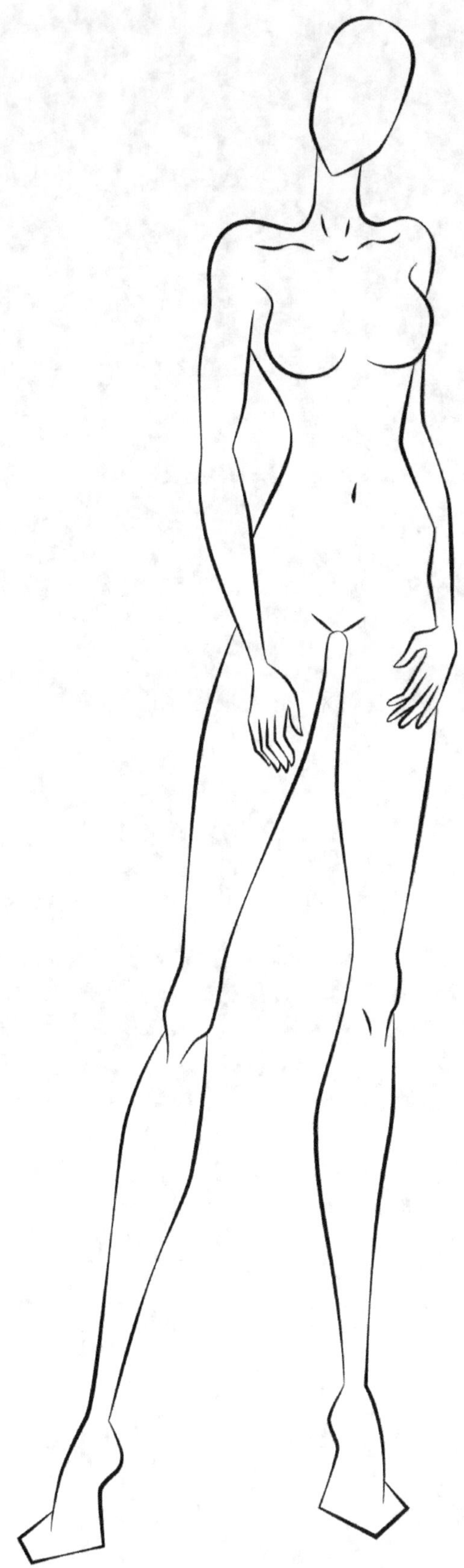

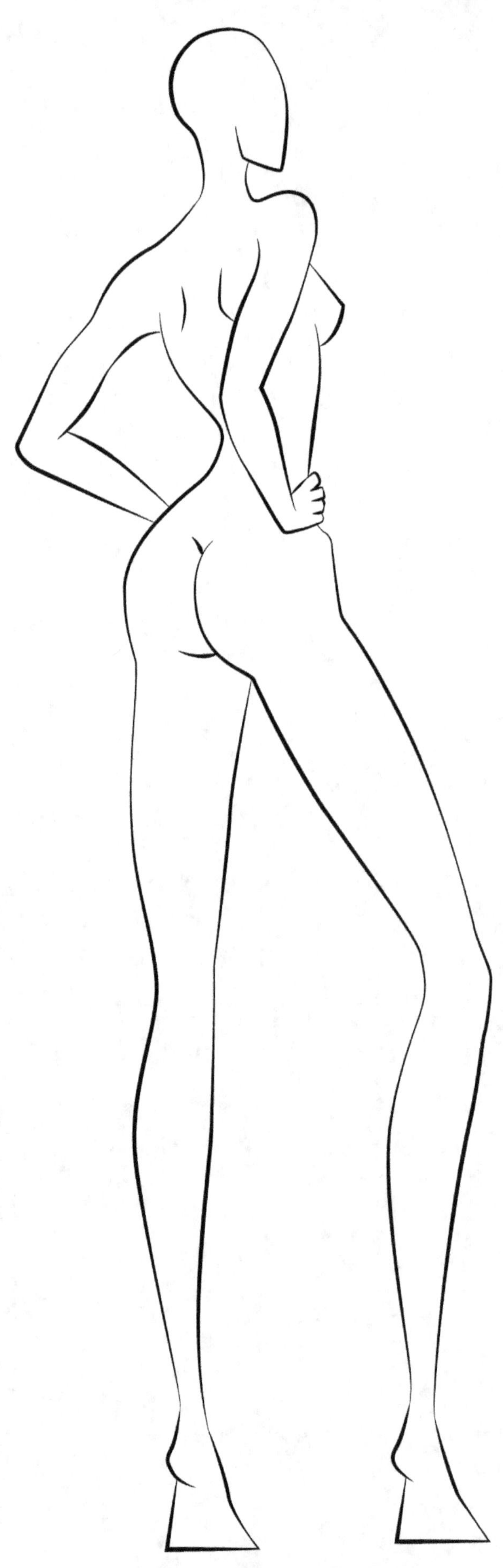

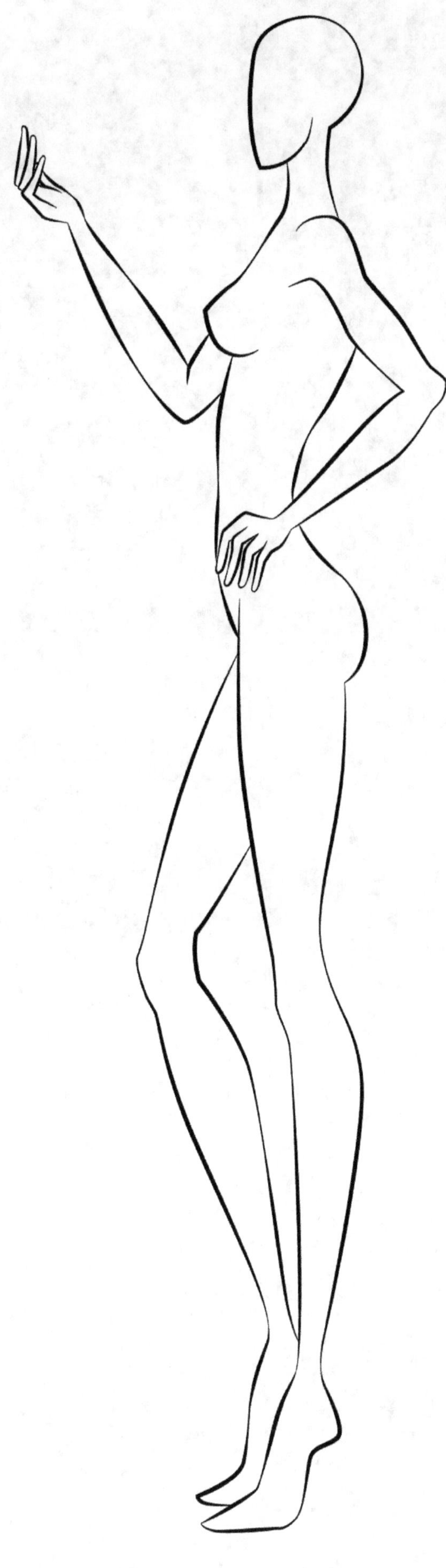

89

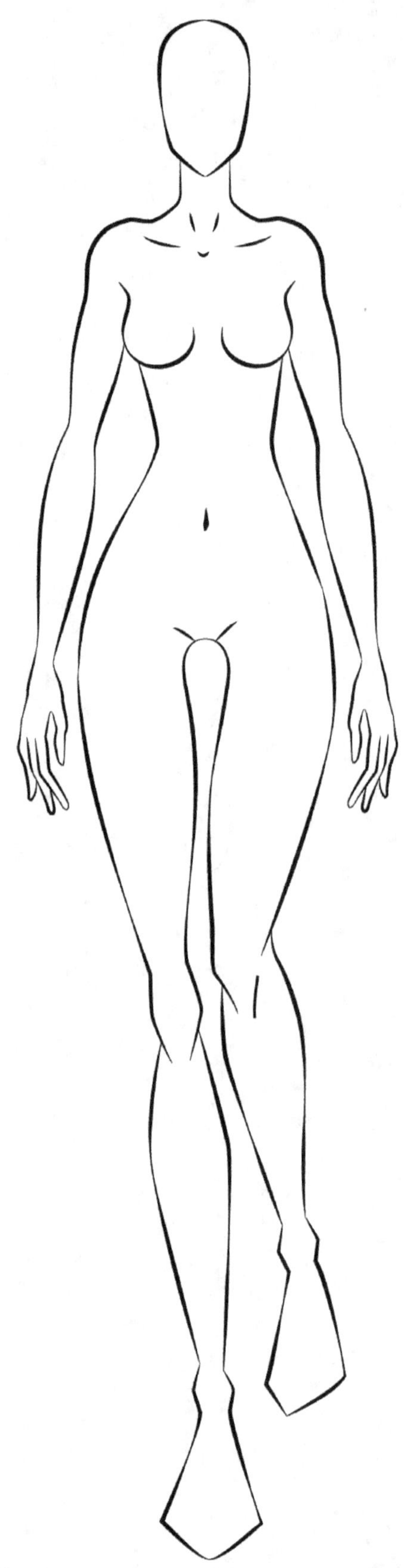

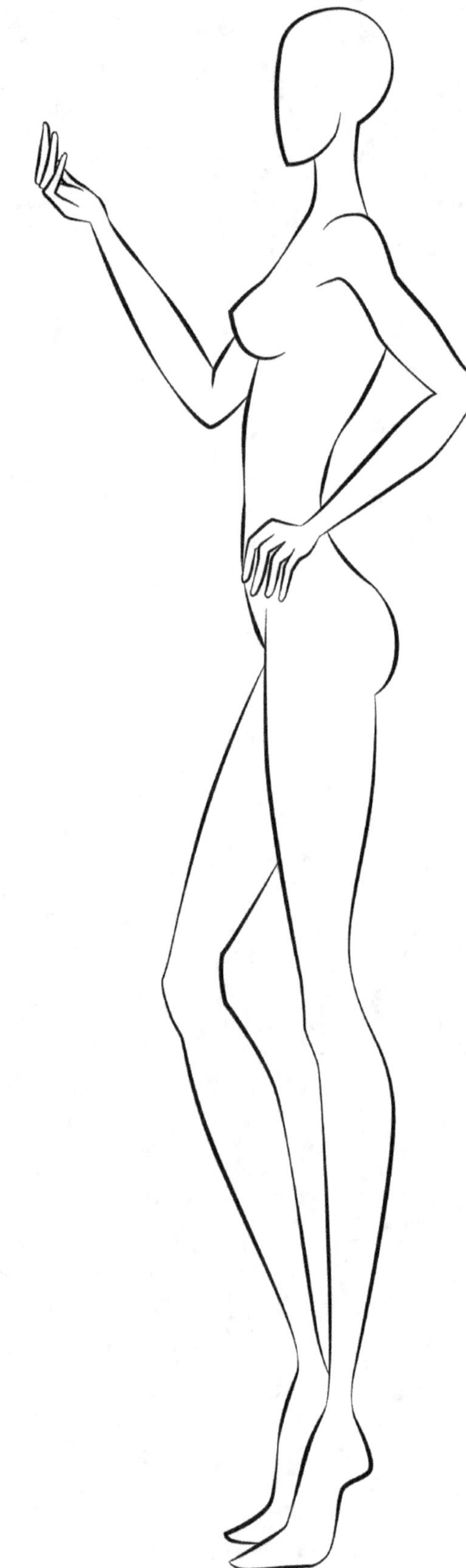

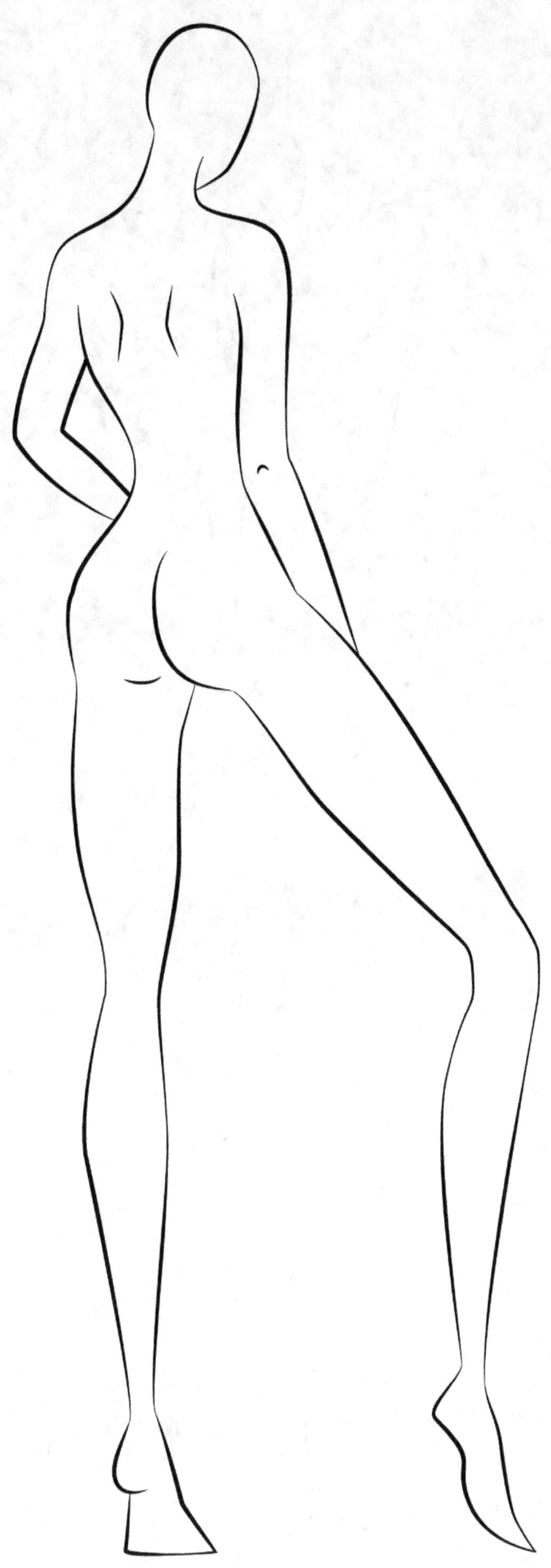

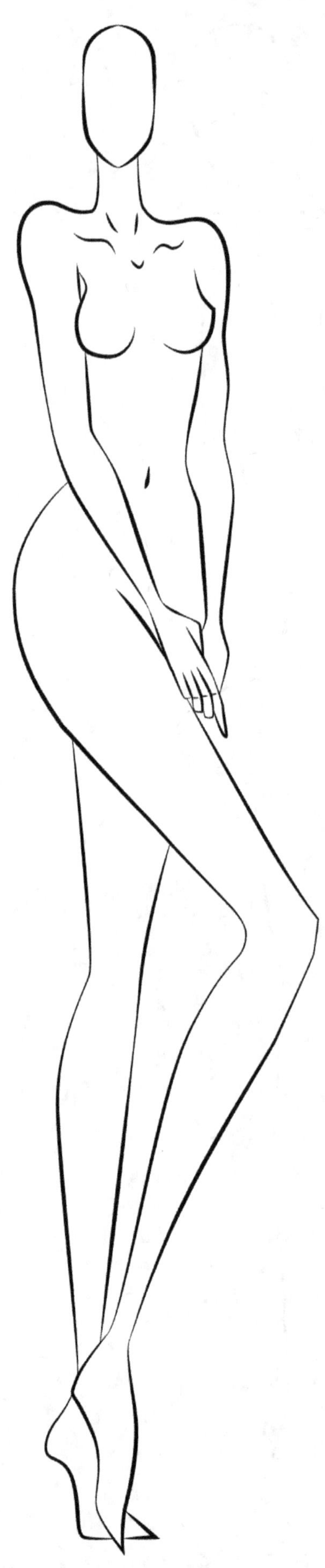

92

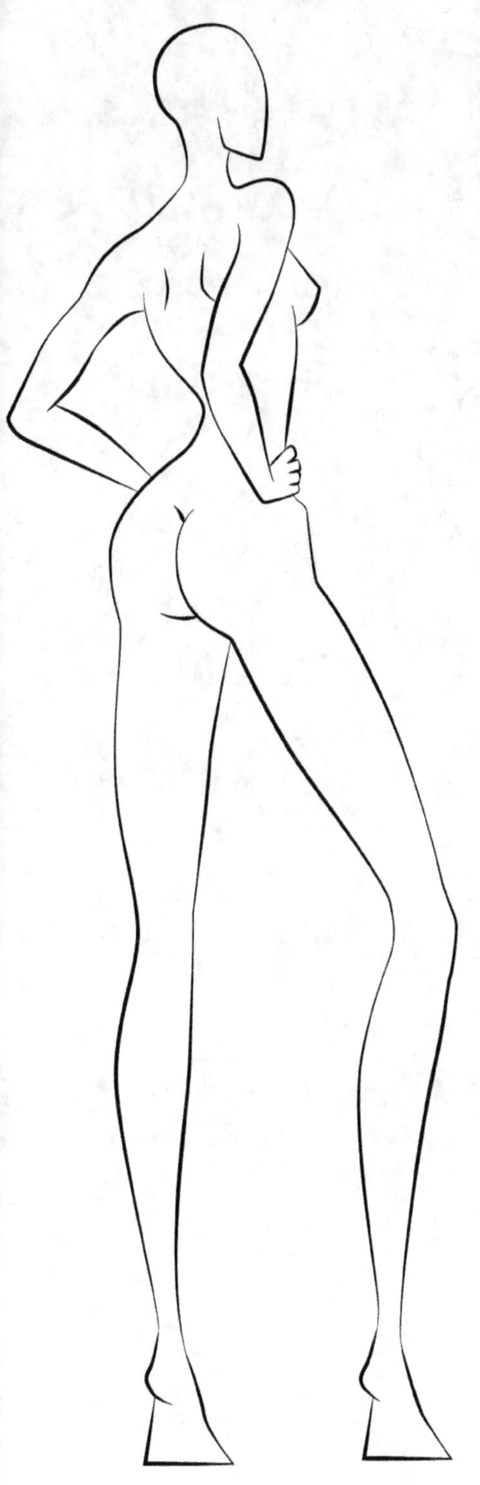
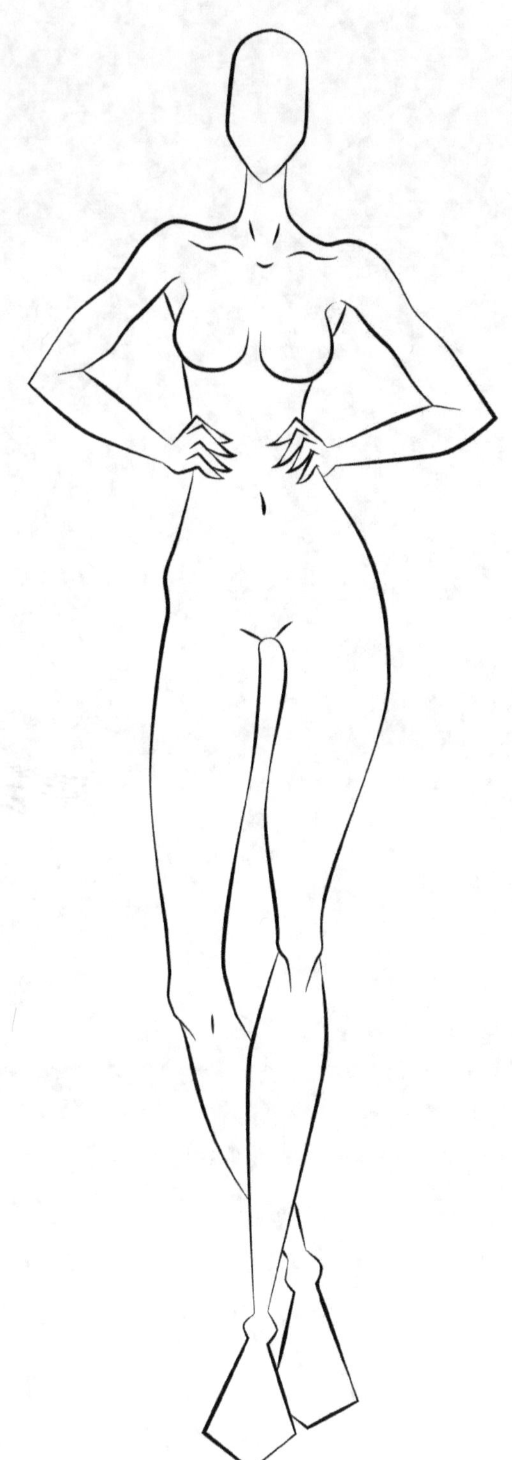

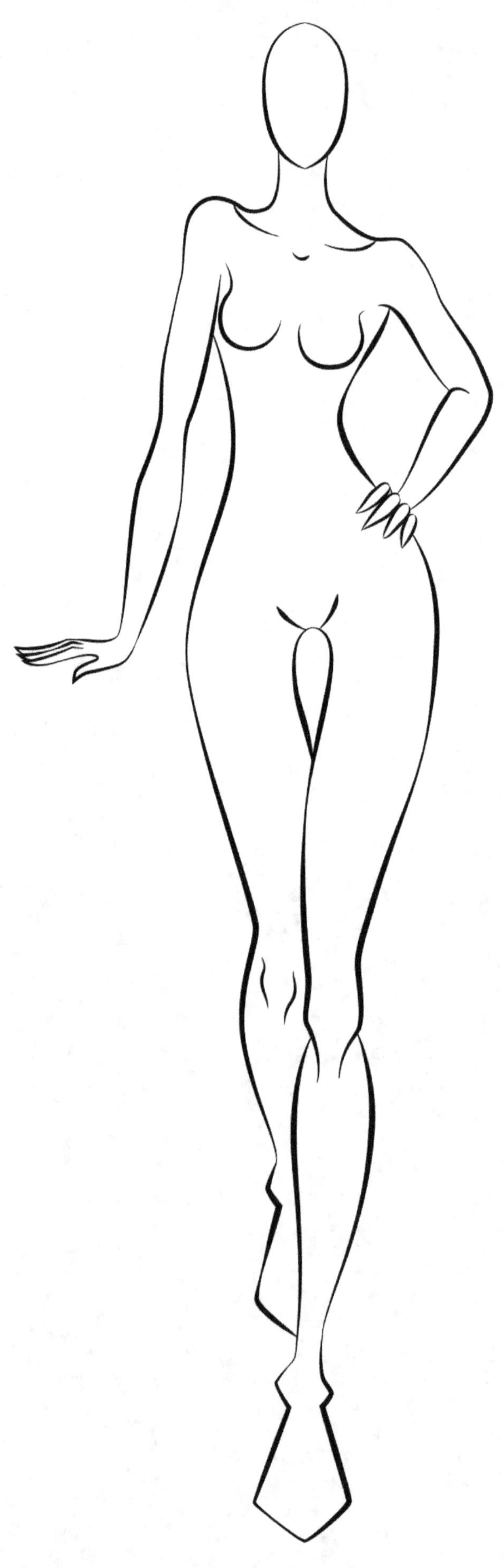

94

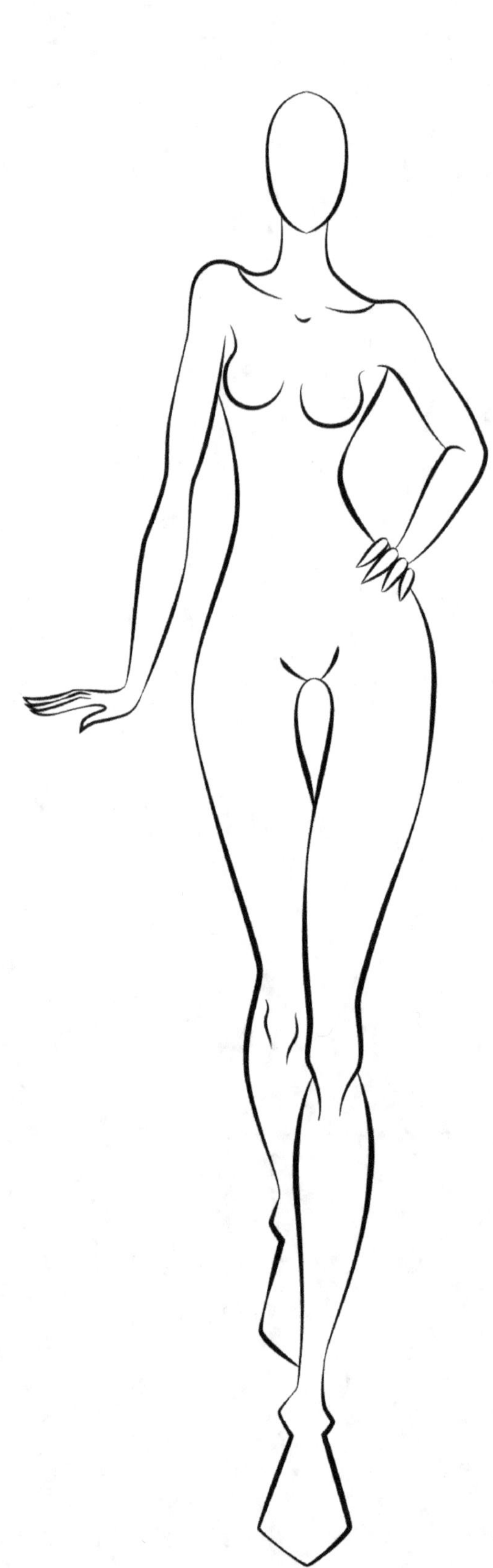
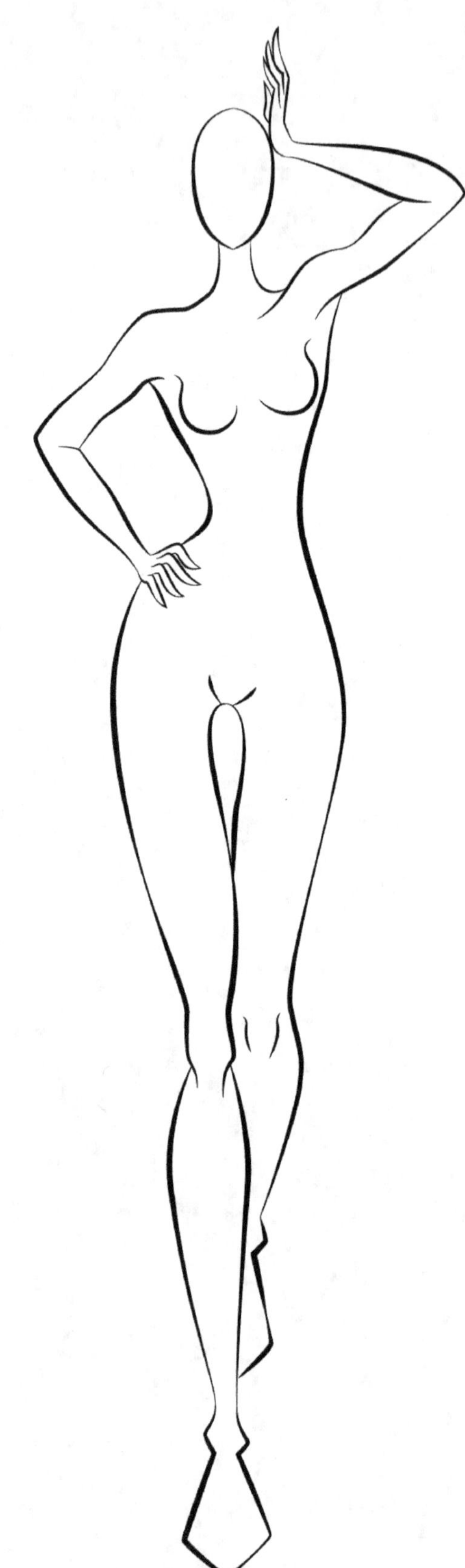

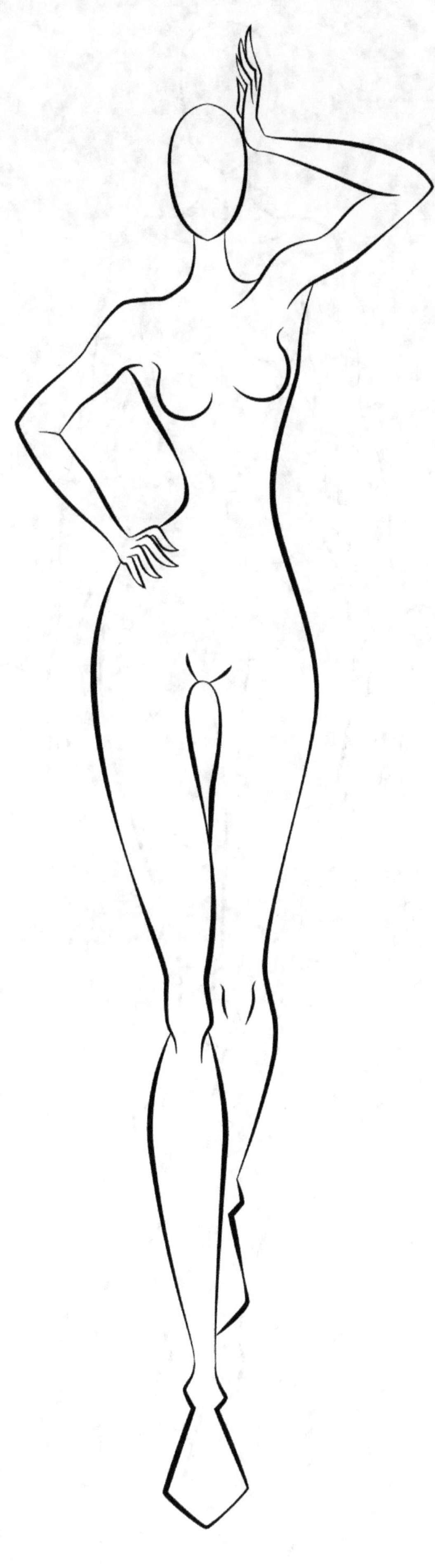

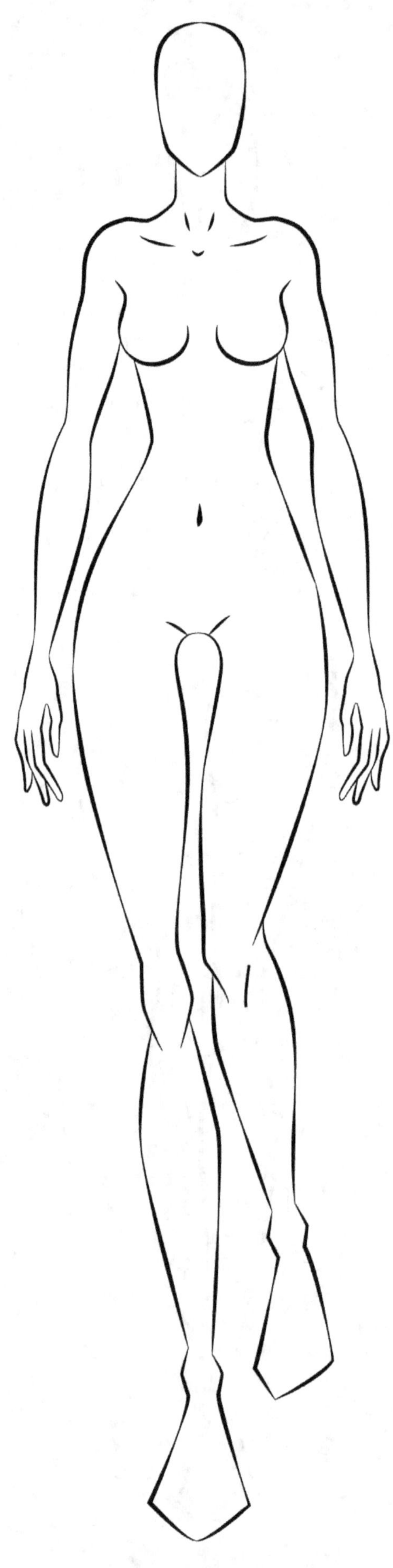

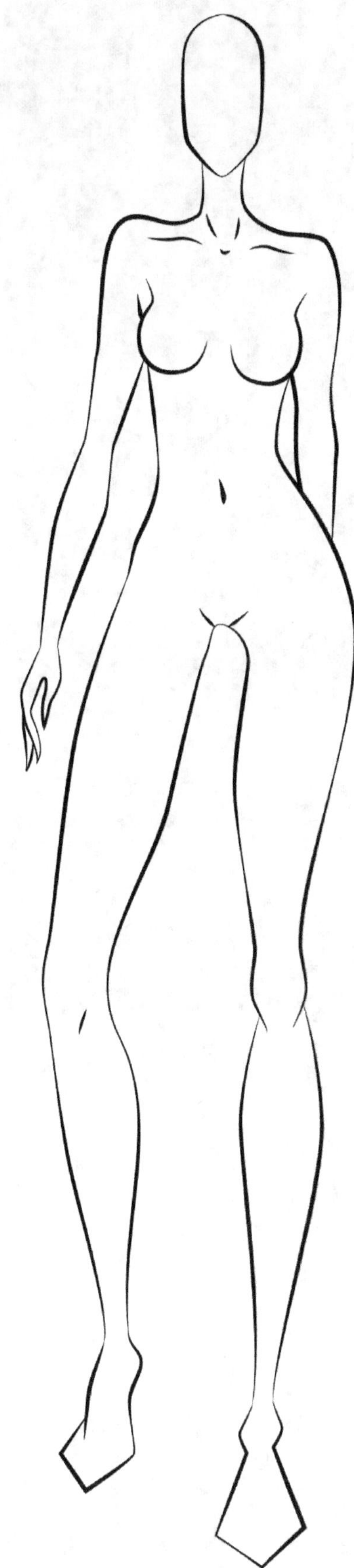

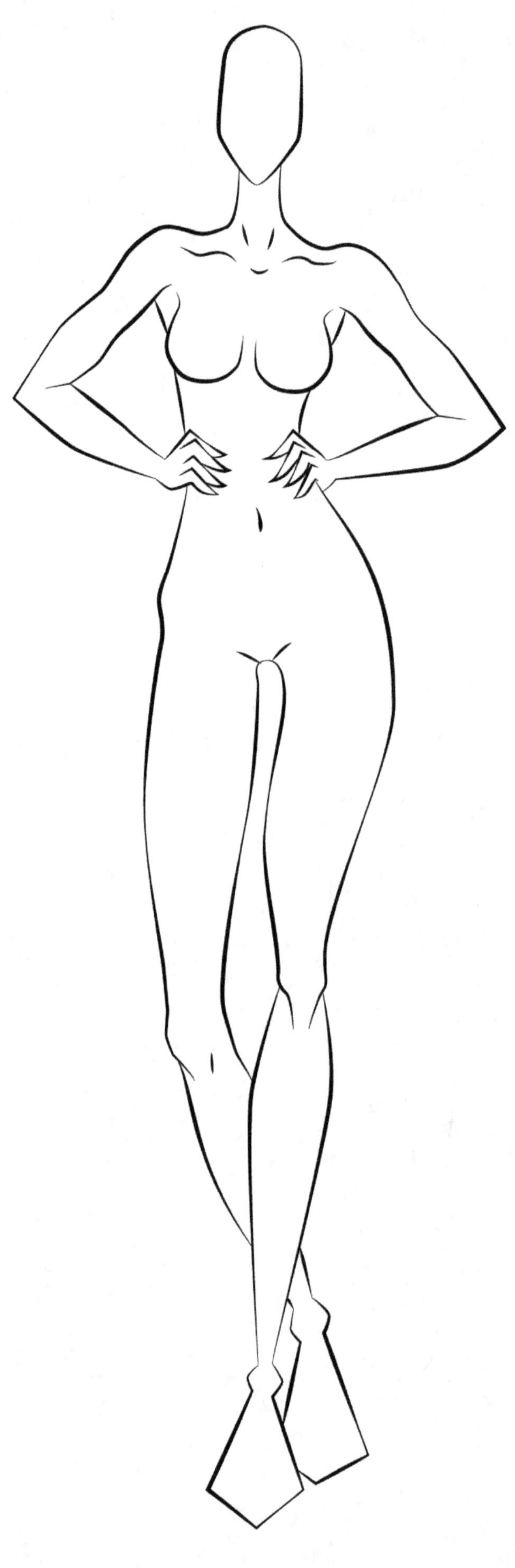

100

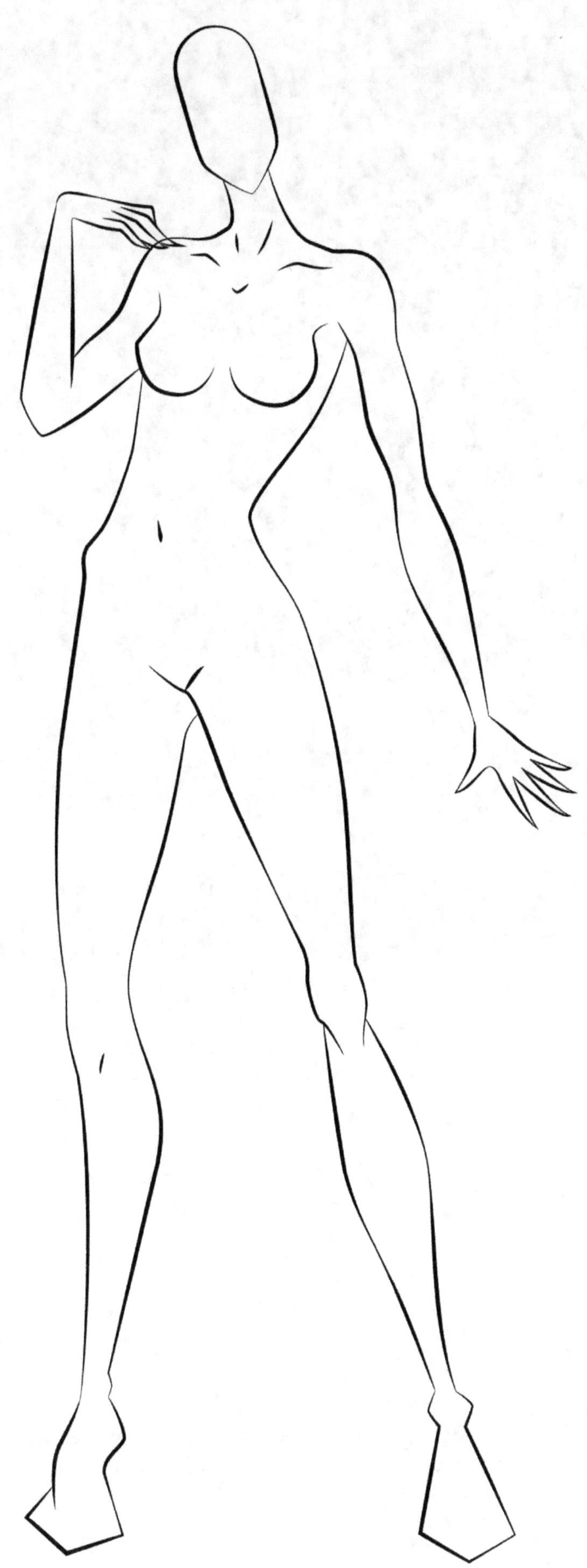

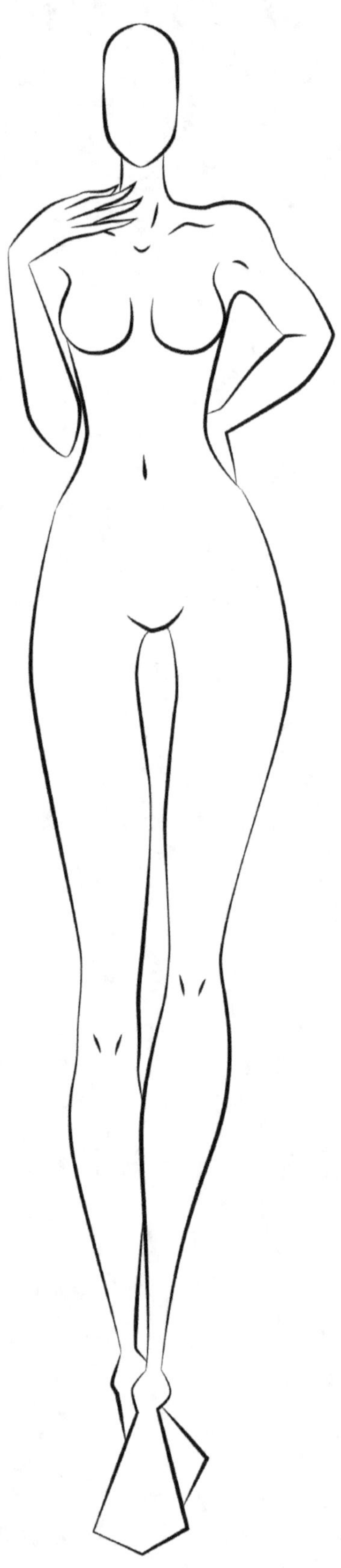
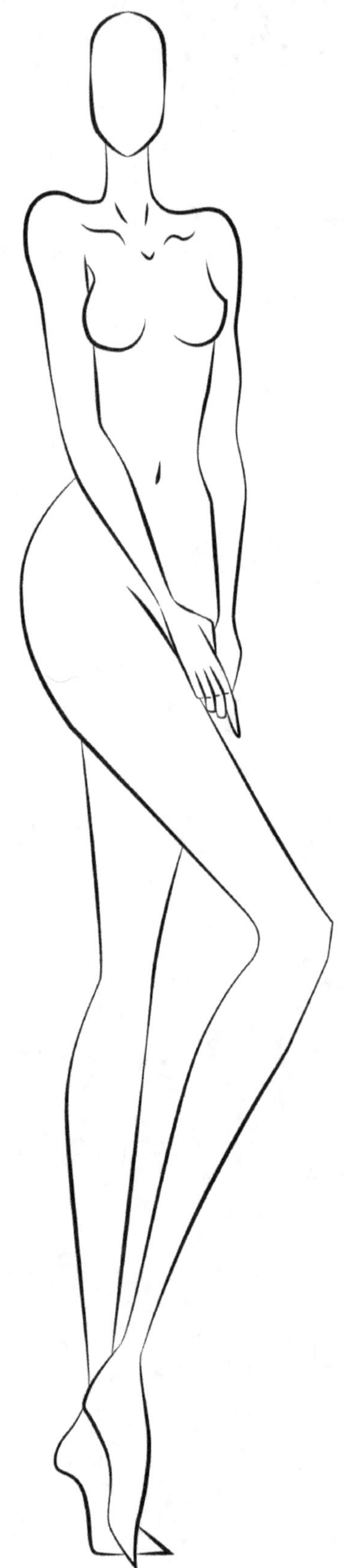

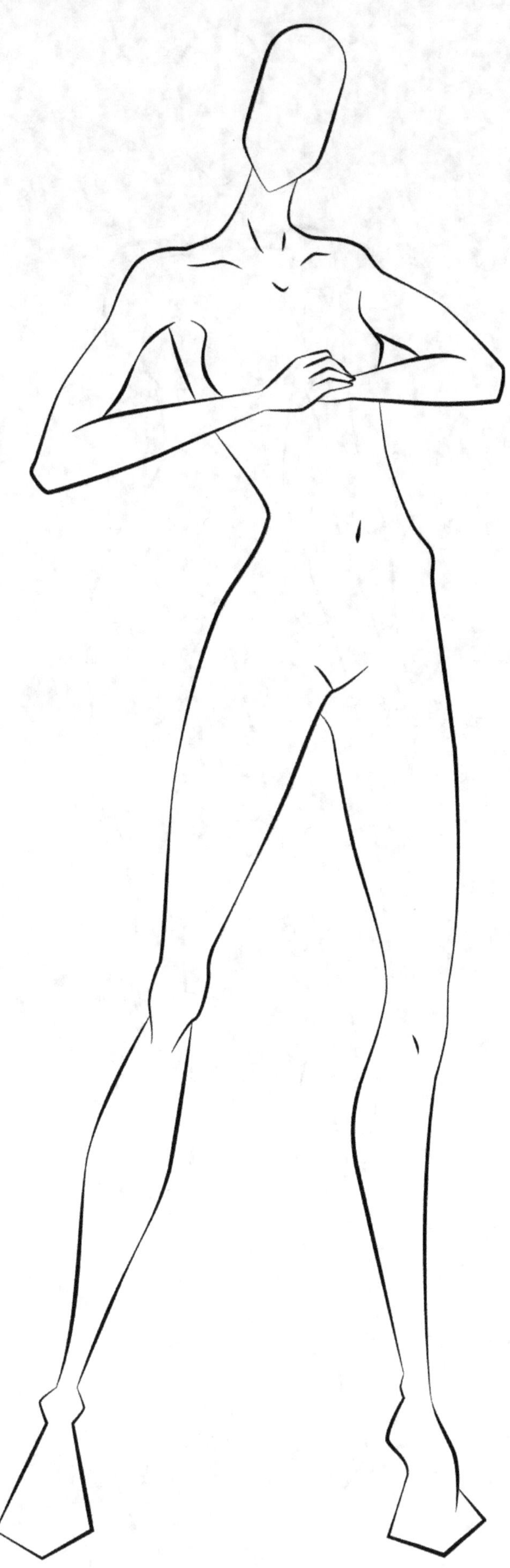

104

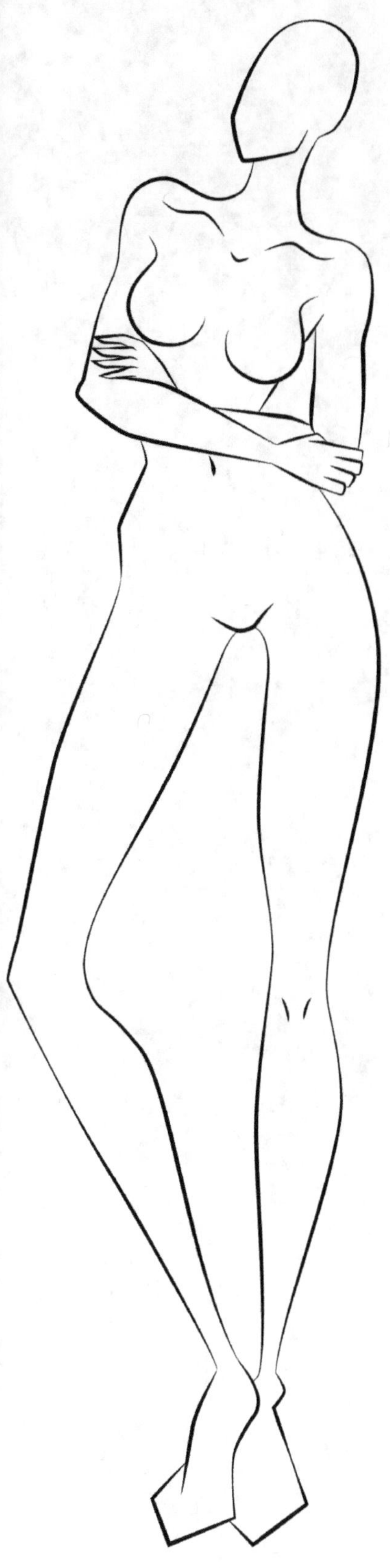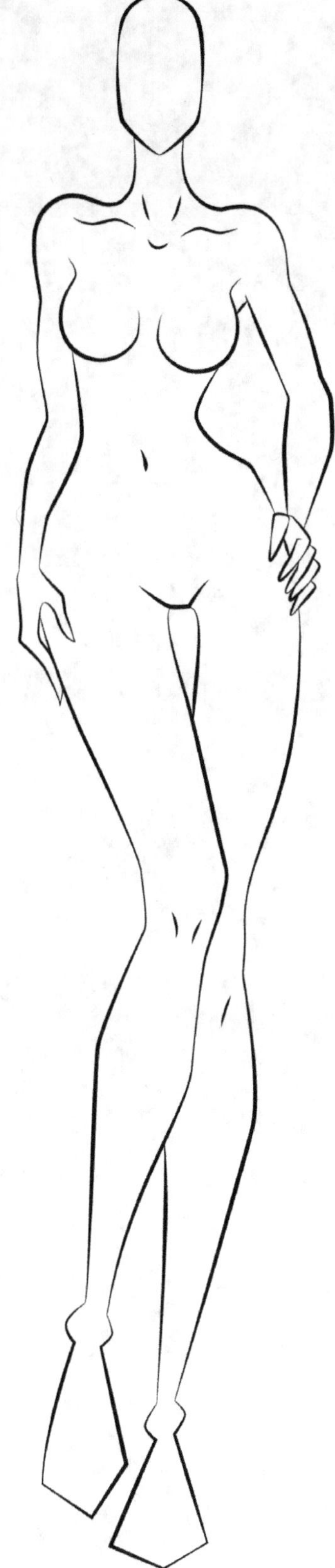

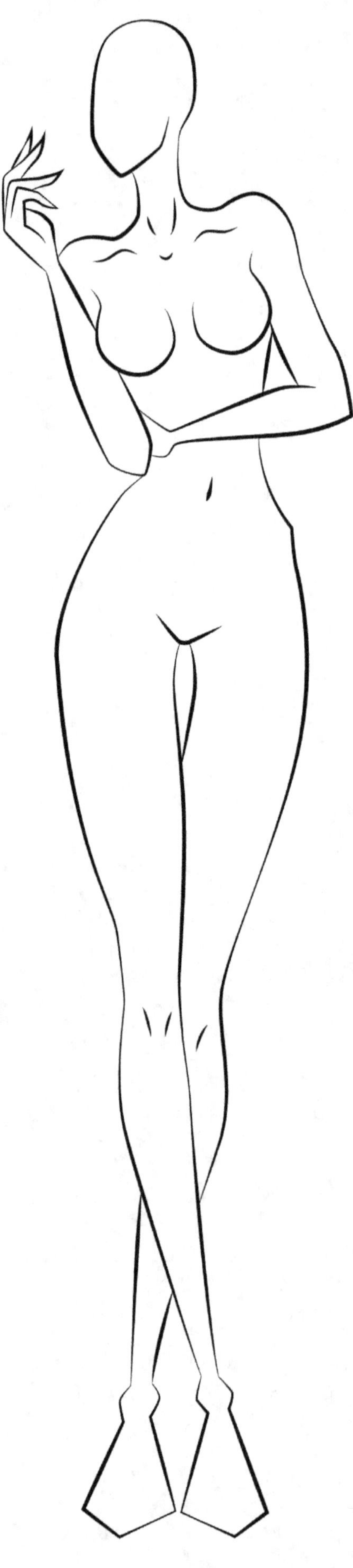

106

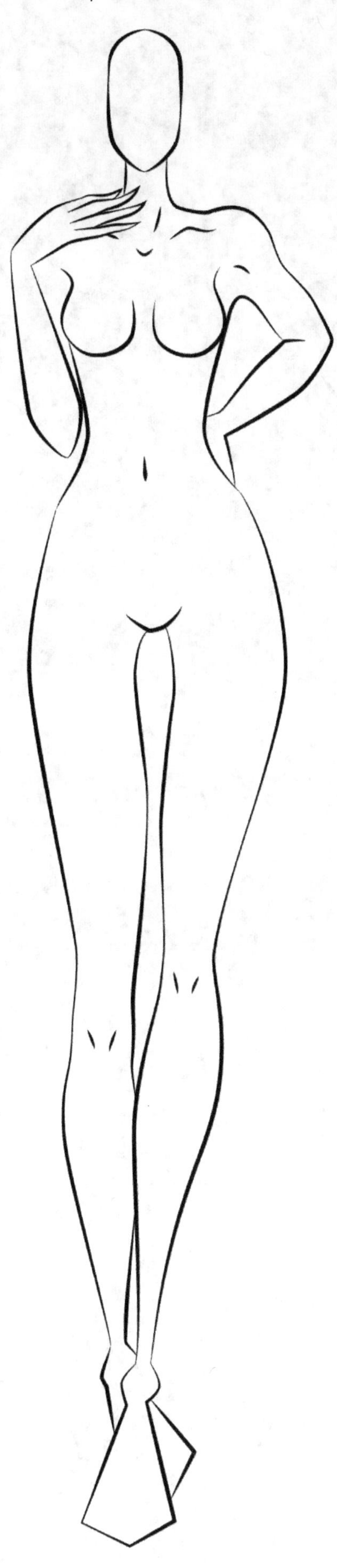

107

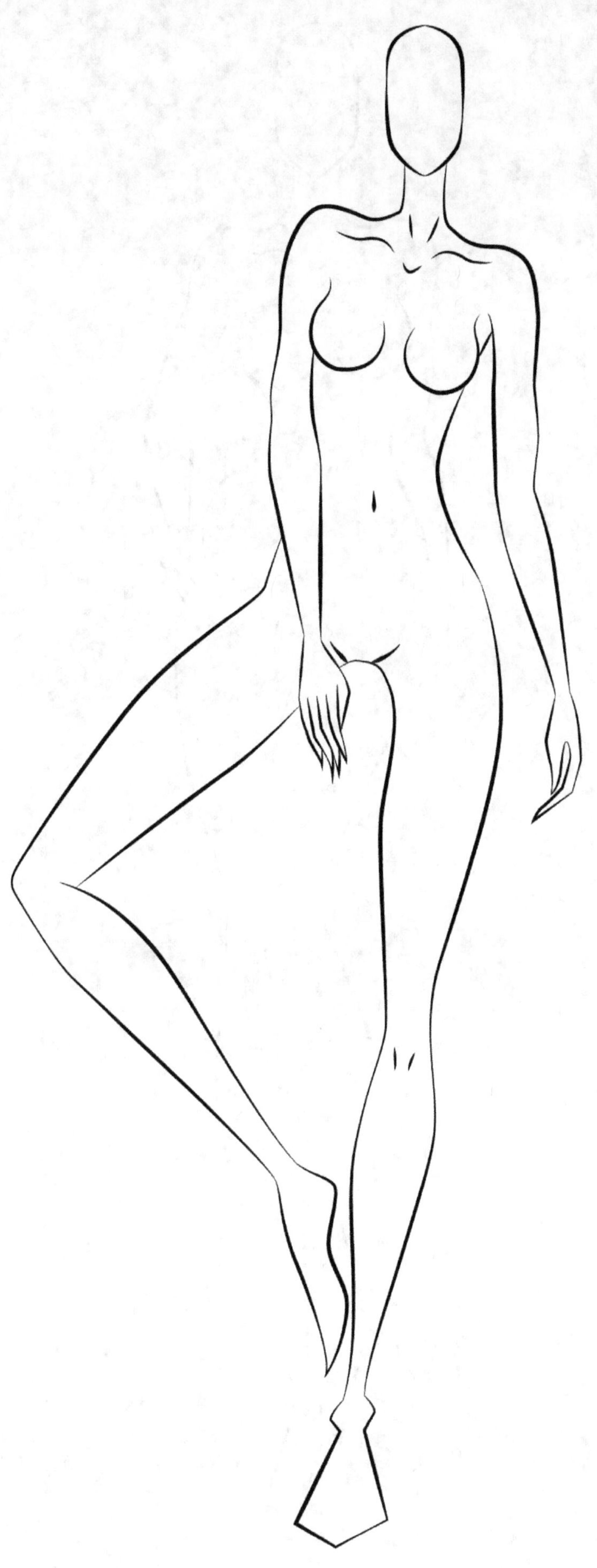

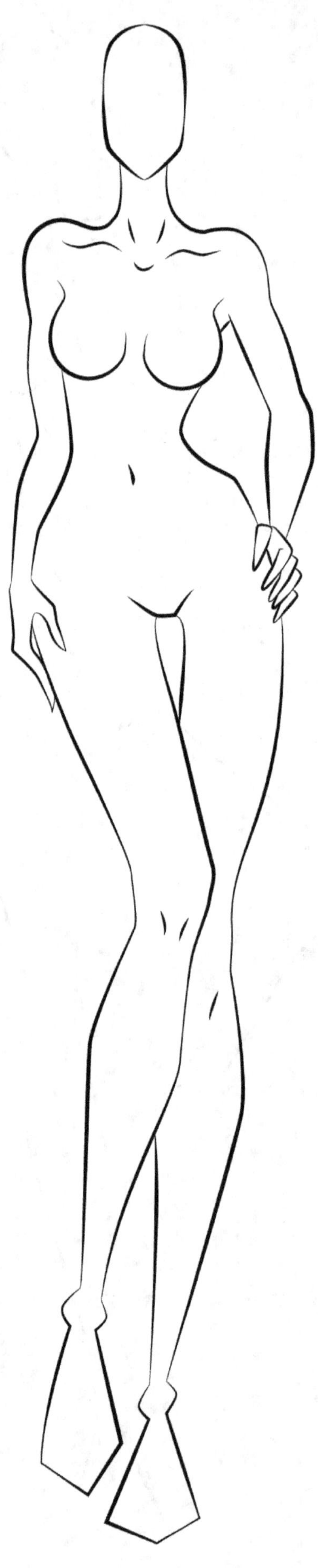

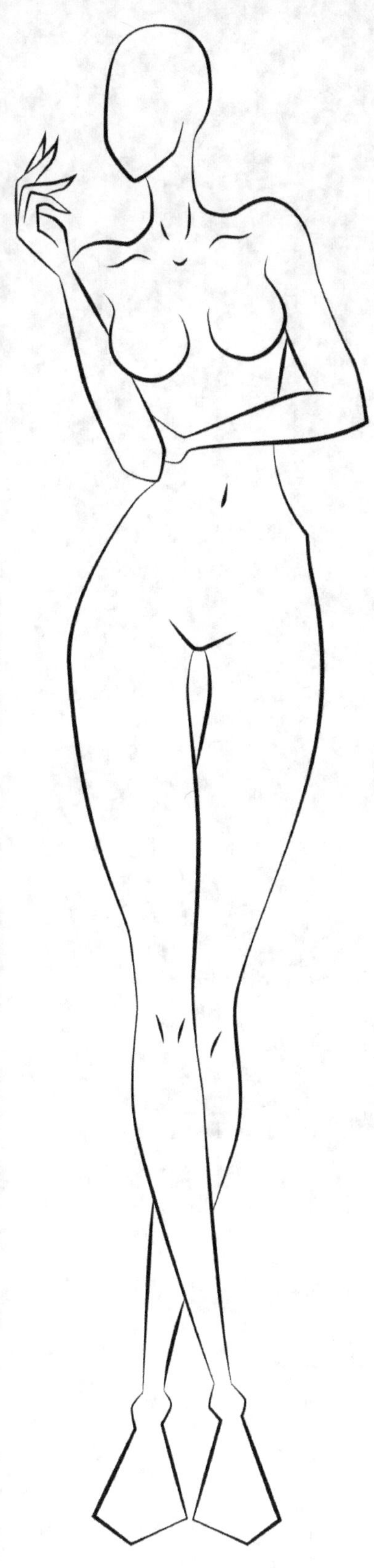

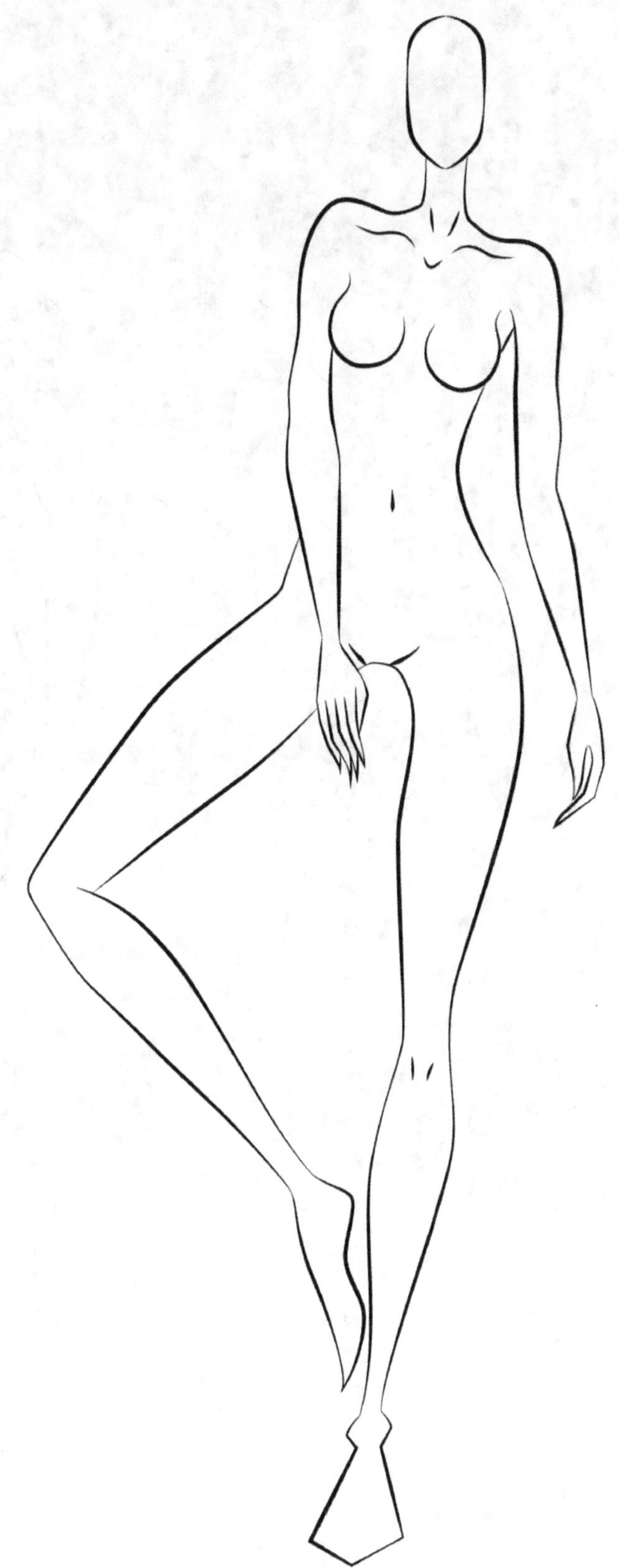

112

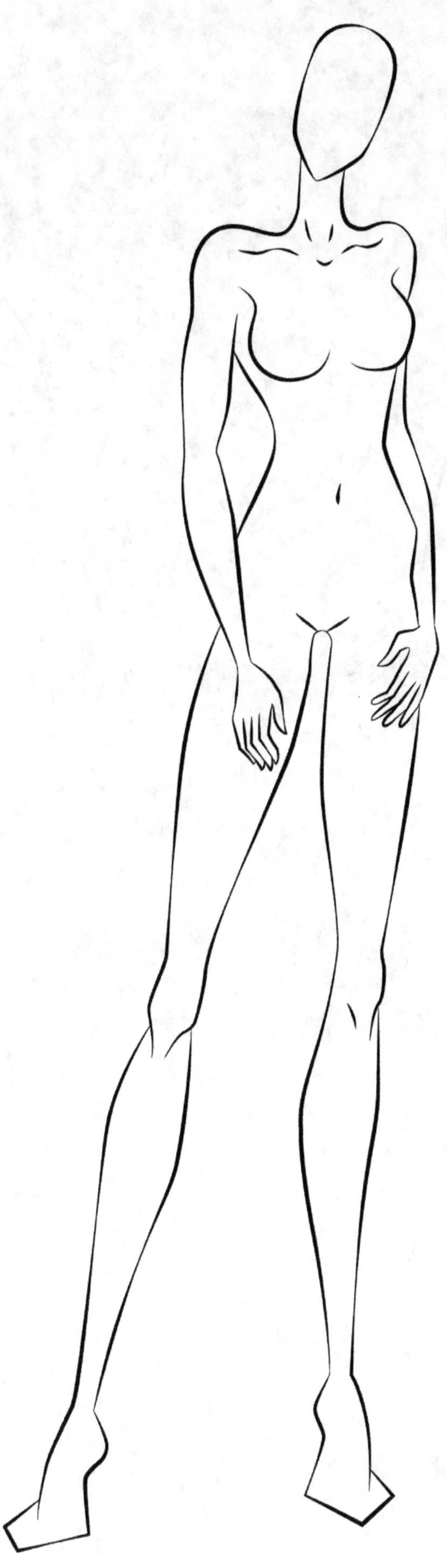

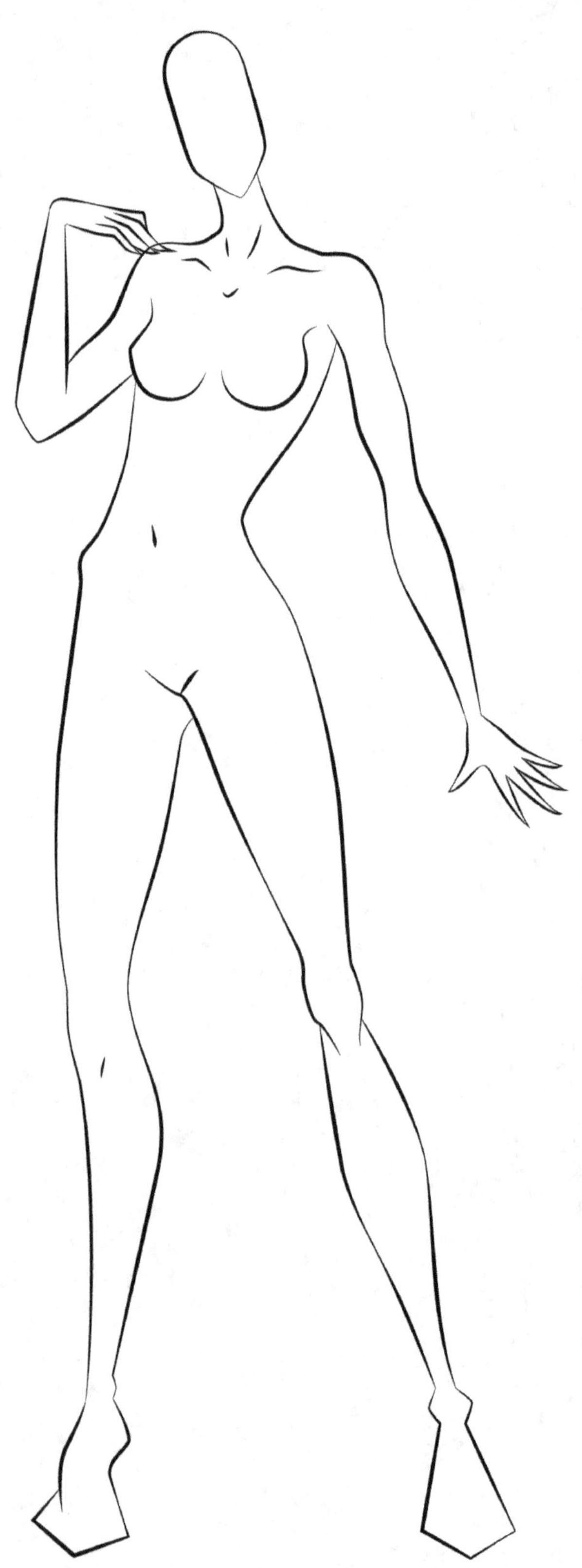
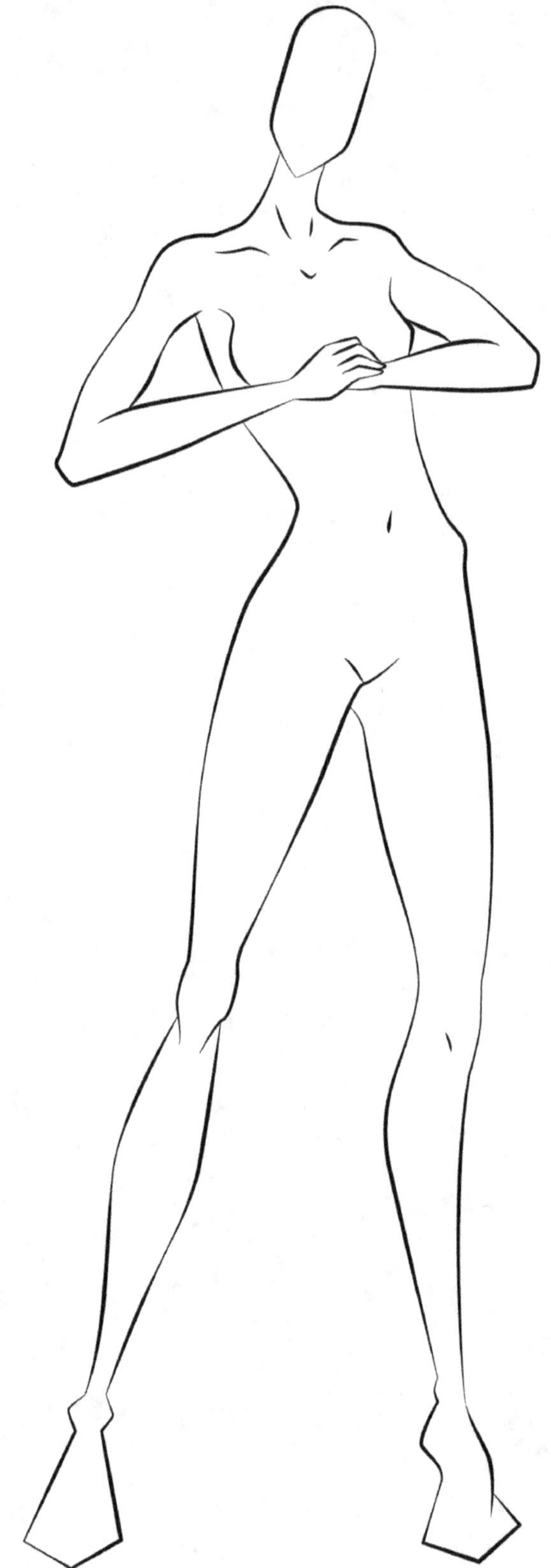

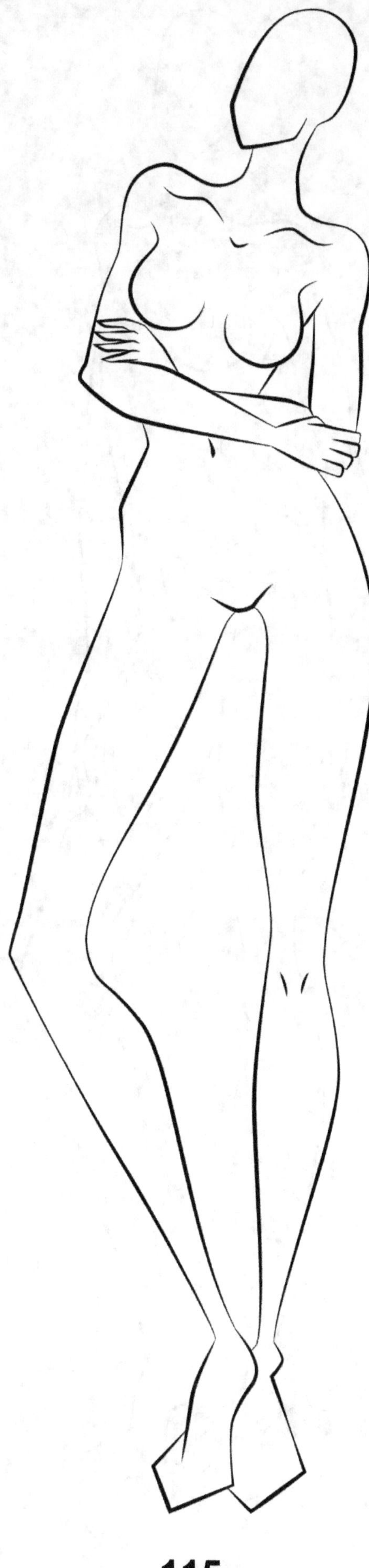

115

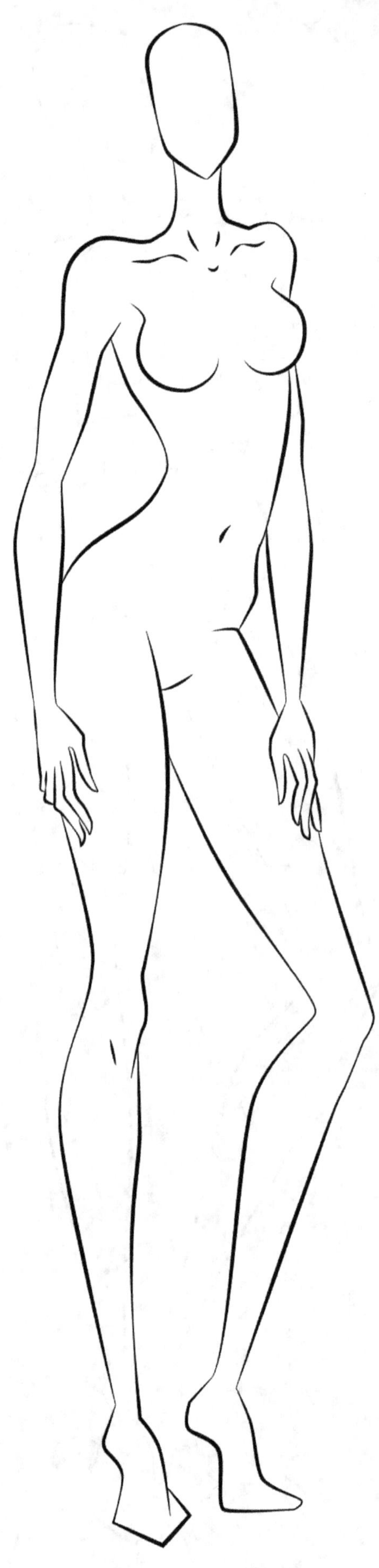

116

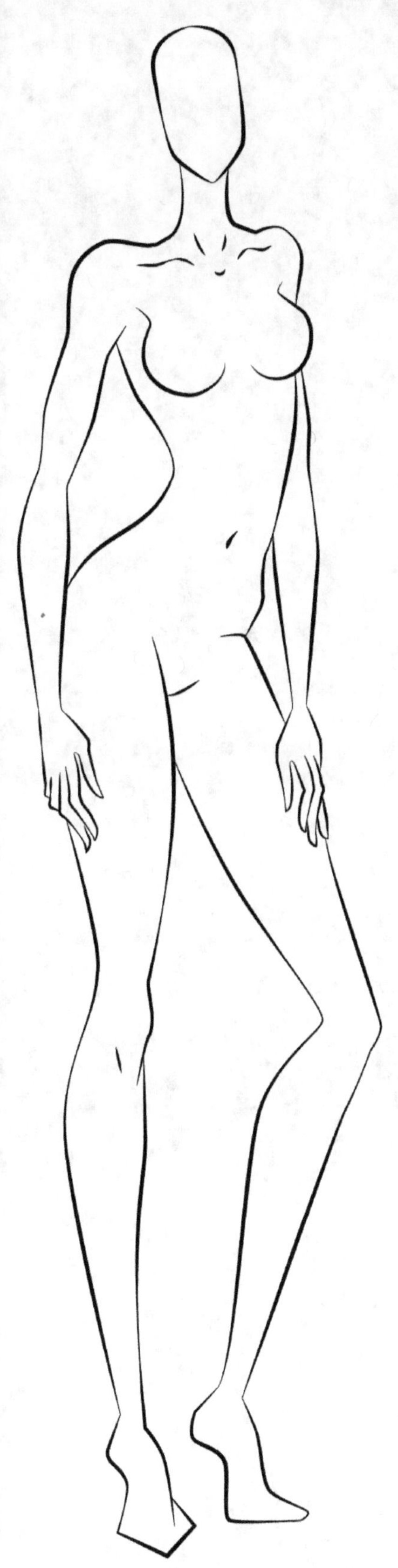
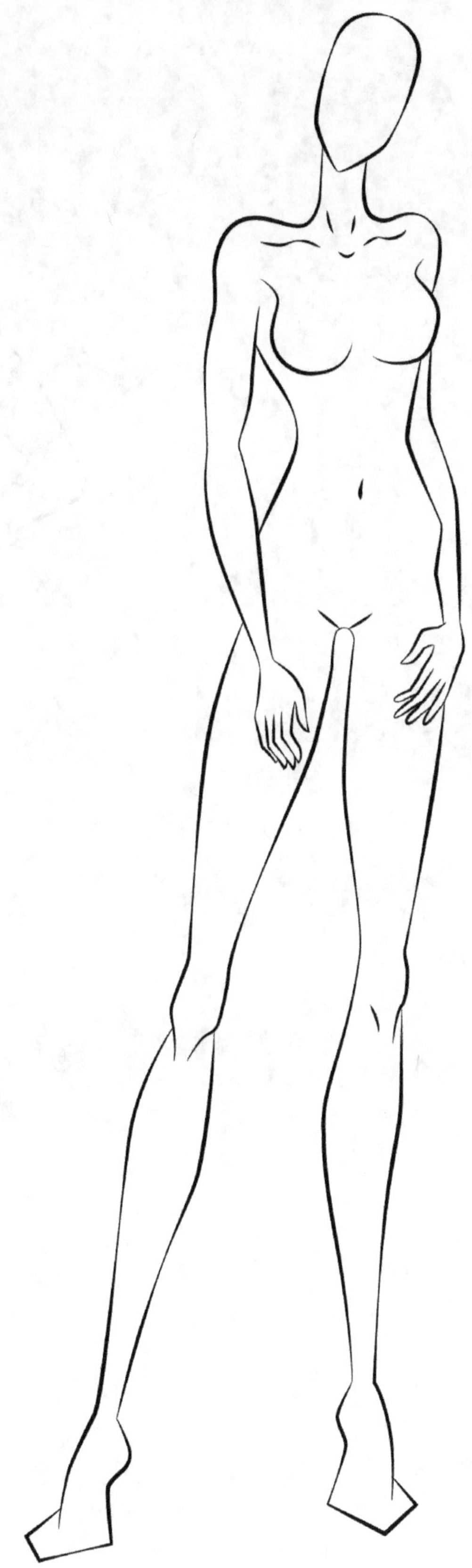

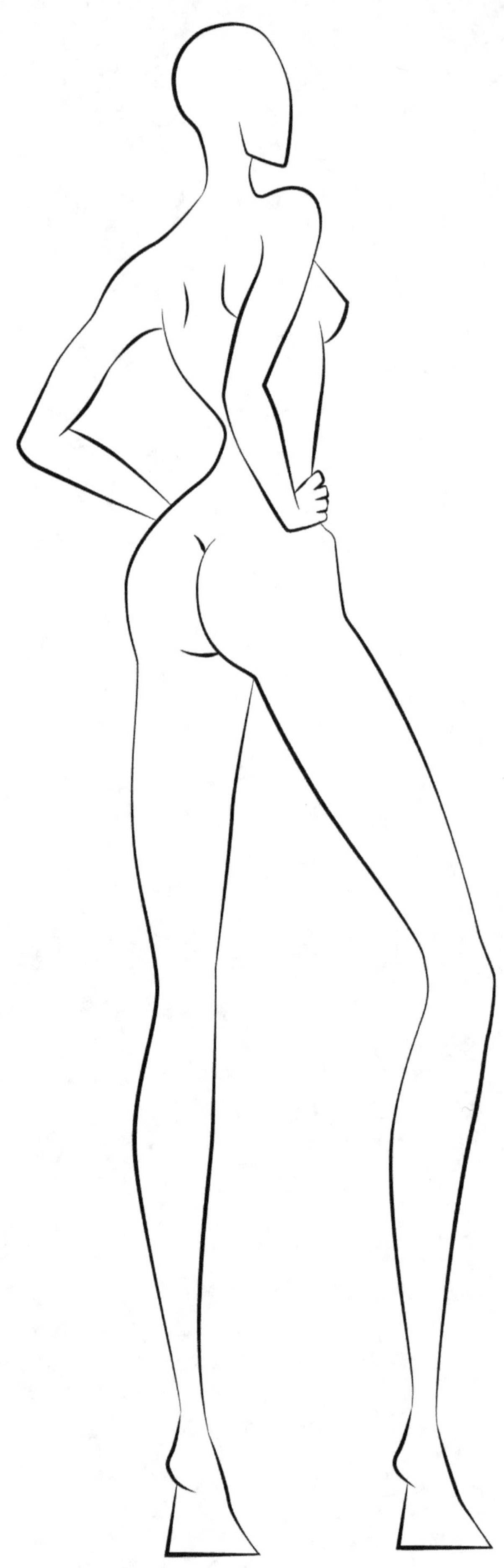

118

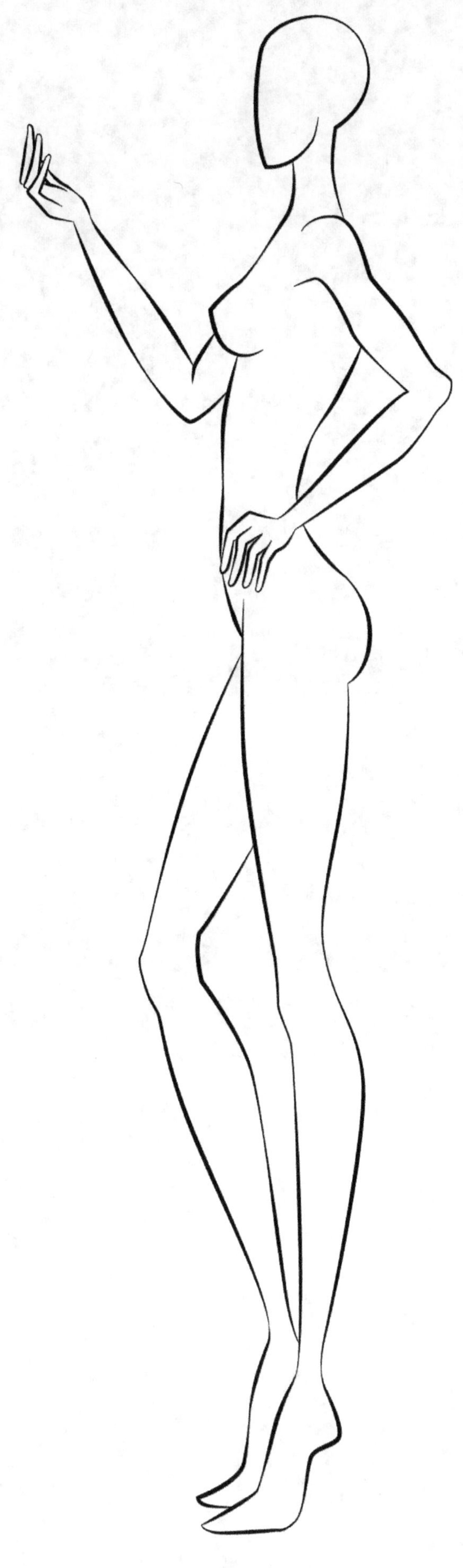

119

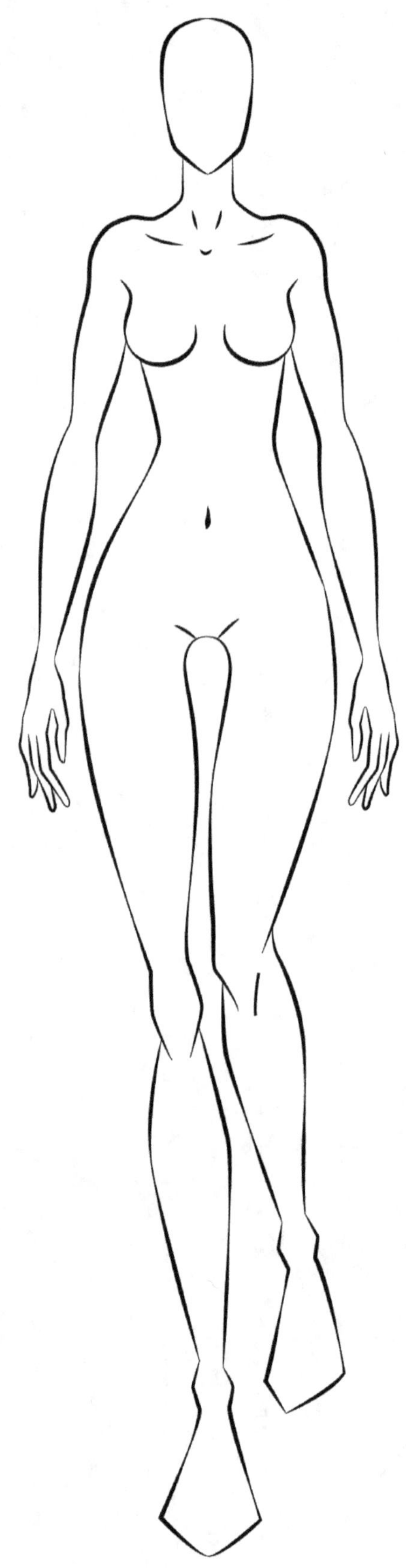

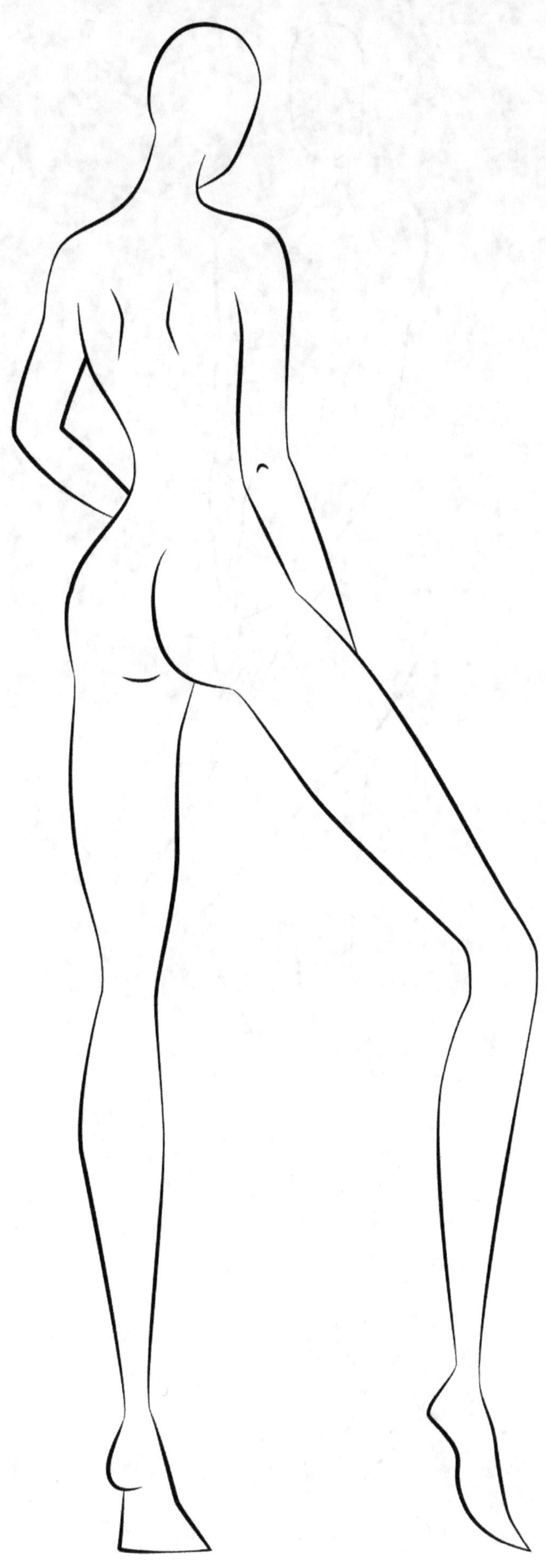

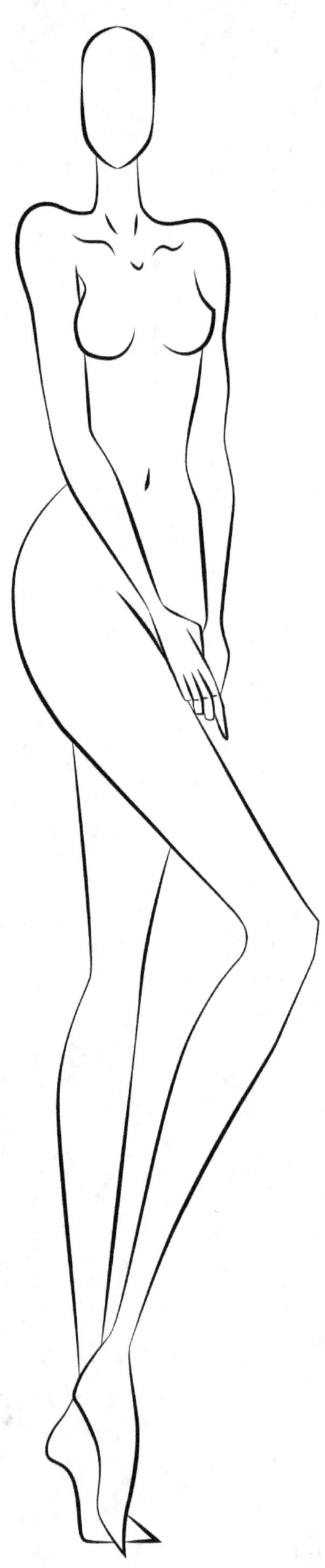

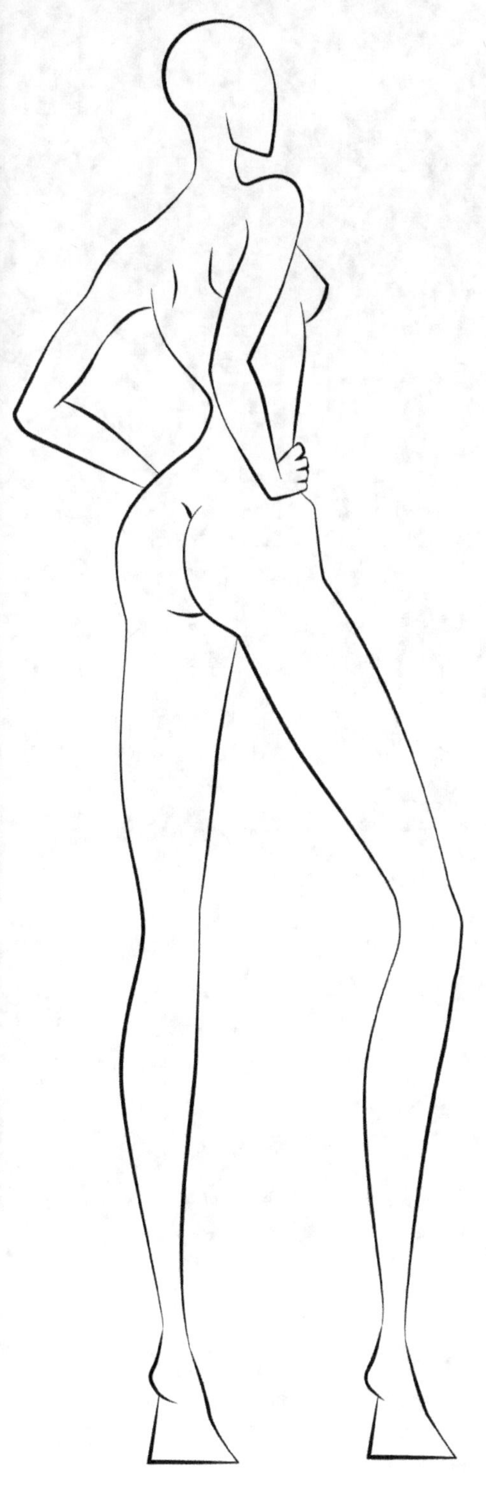

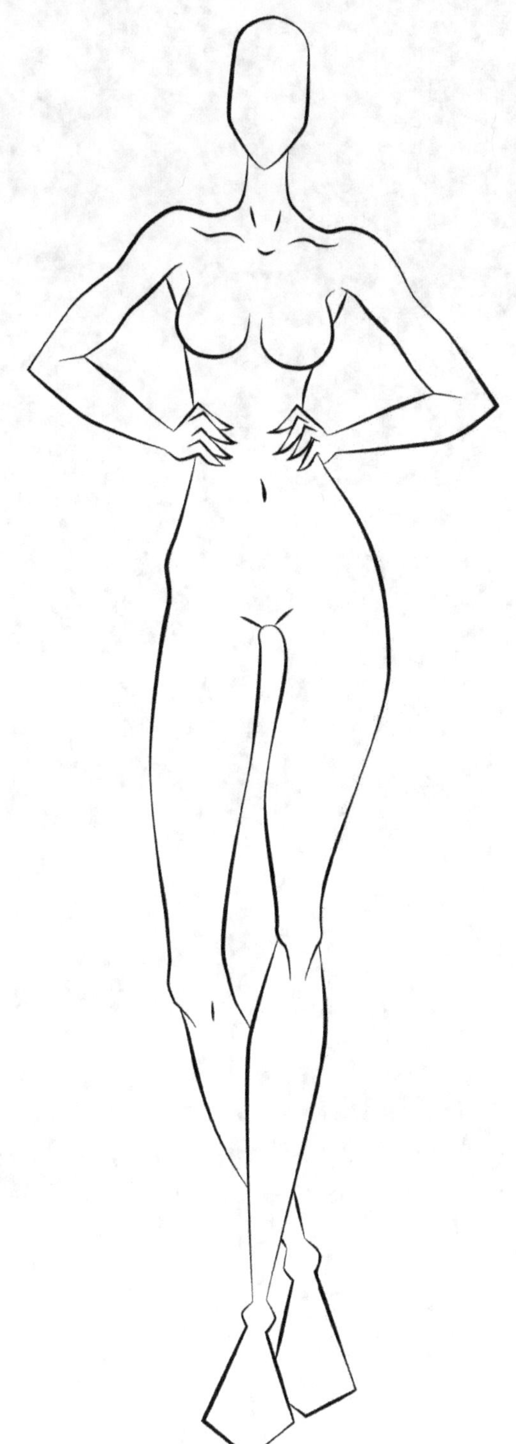